D1993393

GÜTERSLOHER VERLAGSHAUS

Gütersloher Verlagshaus. Dem Leben vertrauen

GottesdienstPraxis
Serie A

Arbeitshilfen für die Gestaltung
der Gottesdienste im Kirchenjahr

Herausgegeben von Erhard Domay

Gütersloher Verlagshaus

GottesdienstPraxis

VI. Perikopenreihe

Band 3: Pfingstsonntag bis 15. Sonntag nach Trinitatis

Gütersloher Verlagshaus

Bibliografische Information der Deutschen Nationalbibliothek
Die Deutsche Nationalbibliothek verzeichnet diese Publikation in der Deutschen Nationalbibliografie; detaillierte bibliografische Daten sind im Internet über http://dnb.d-nb.de abrufbar.

1. Auflage

Umschlagentwurf: Finken & Bumiller, Stuttgart, unter Verwendung des Aquarells No. V von Francesco Clemente, aus: CVIII. Watercolours Adayar 1985, © 1987 Öffentliche Kunstsammlung, Basel
Satz: Buch-Werkstatt GmbH, Bad Aibling
Druck und Bindung: Těšínská tiskárna a.s., Český Těšín
Printed in Czech Republic

ISBN 978-3-579-03157-6

www.gtvh.de

Inhalt

Pfingstsonntag
Der Brief an die Gemeinde in Rom 8,1–11

Sylvia Winterberg

Exegetisch-homiletische Skizze

In der Auslegung folge ich der feministisch-sozialgeschichtlichen Exegese, die versucht, den gesellschaftlichen Kontext im Zusammenhang der praktischen Gemeinderealität in dieser Zeit zu sehen. Paulus wird als ein Mitglied eines jüdisch-christlichen Autorenkollektivs gesehen, das um einen messianisch-herrschaftsfreien Lebensentwurf wirbt, streitet und argumentiert, niemals aber in Frage stellt, als Jude der Tora gemäß zu leben. Für eine Predigt, die den Befreiungsgedanken des Paulus nachvollzieht, ist wichtig, die Hintergründe seines Sündenbegriffs zu kennen: das Fleisch, der Leib, war für Paulus gleichbedeutend mit dem ganzen Menschen, ohne Unterscheidung zwischen Körper, Seele und Geist. Der Mensch als Ganzes ist der Herrschaft der Sünde allumfassend unterworfen, wie Sklaven ihrem Herrn. Sünde und Tod werden von Paulus fast synonym gebraucht, wobei für ihn eher ein todesähnlicher Zustand bei Lebzeiten, als ein tatsächlich leiblicher Tod die Schreckensvision ist. Die tatsächliche Endlichkeit des Lebens ist für ihn ein Hoffnungsschimmer, der alles Unrecht nichtig und offenbar werden lässt. Die Herrschaft des römischen Reiches ist die äußere Erscheinungsform dieser Schreckensherrschaft, gegen die Widerstand dem Selbstmord gleichkommt und die Unfreiheit der Menschen eine totale ist. Obwohl Paulus nicht politisch sein wollte, hatte die Erwartung des umfassenden Herrschaftswechsels durch das Erscheinen des Messias Jesus tiefgreifende politische Konsequenzen: die Herrschaft der vielen *kyrioi* im Alltag hat ein Ende, ihre Macht wurde nicht mehr fraglos akzeptiert. Diejenigen, die dies für sich in Anspruch nahmen, kamen aus einer duldenden zu einer offensiven Haltung.

Für eine Predigt zum immer geringer wahrgenommenen christlichen

Fest Pfingsten, ist der Befreiungsgedanke im Text der wichtigste und wird in den Kontext aktueller Herrschaftsstrukturen und Unfreiheiten gestellt. Ich entscheide mich daher für die neue Übersetzung der Bibel in gerechter Sprache, die sprachlich erklärender wiedergibt, was gemeint ist, obwohl sie sich z. T. vom griechischen Text entfernt.

Literatur: C. Janssen, B. Wehn (Hg.), Wie Freiheit entsteht, Gütersloh 1999, S.108 ff.; dies. L. Schottroff (Hg., Paulus, S.10ff.: L. Schottroff, Befreiungserfahrungen, München 1990, S.57ff.

Predigtidee

Angesichts der komplexen Textgeschichte versuche ich, den ›Sitz im Leben‹ des paulinischen Konzepts narrativ wiederzugeben. Der befreiende Kerngedanke wird als »Geburtstagsgeschenk« präsentiert.

Predigtthema

Befreiung von der Schreckensherrschaft der Sünde damals und heute – Einladung zum Leben in der Geistkraft Gottes. Ausdruck von Befreiung ist eine aufrechte/aufrichtige Haltung.

Vorschläge zur Liturgie

Psalm: Gott, deine Geistin *oder:* Gegenpsalm (in: L. Schottroff, D. Sölle, Den Himmel erden, München 1996, S.60f., 40f.)

Kyrie
Was sollen wir tun? L. Schottroff

Fürbittengebet
Komm, heilige Geistin. D. Sölle

Lieder: EG 617 (Bayern) Jubilate Deo; Ein brausender Wind (in: Singen von deiner Gerechtigkeit, hg. von E. Domay, B. Jungcurt, H. Köhler, Gütersloh 2005, Nr. 34)

Schenk uns Weisheit (a. a. O. Nr. 36); Du meine Seele, singe (a. a. O. Nr. 39); Du bist heilig, du bringst Heil. Menschenskinderlieder 2, 25; EG 130, 136, 428, 432

Vorschlag zur Predigt

Liebe Mitchristinnen, liebe Mitchristen,
herzlichen Glückwunsch zum Geburtstag! Ja, ich gratuliere uns allen dazu, dass unsere Gemeinschaft bereits fast 2 Jahrtausende besteht und uns persönlich, dass wir uns entschieden haben, noch immer dazuzugehören – obwohl das nicht mehr selbstverständlich ist!
Und ich habe auch ein Geschenk für Sie und für uns:
Wir sind frei! Ja, Sie haben richtig gehört: Wir sind frei, so zu leben, wie wir es nach unserem christlichen Verständnis für richtig halten. Sie brauchen sich nicht mehr von Ihrer Uhr von Termin zu Termin hetzen lassen und kein schlechtes Gewissen zu haben, wenn Sie der Nachbarin helfen, einkaufen zu gehen, anstatt Überstunden zu machen. Sie können ruhigen Gewissens hier im Gottesdienst sitzen, statt für Ihre Fitness zu sorgen oder Essen zu kochen. (Andere Ideen, wie wir heutzutage mit christlicher Lebensführung auffallen und in Ungnade fallen, können hier eingefügt werden.) Und zu guter Letzt: Sie können auch beim Discounter einkaufen oder weiterhin Auto fahren, wenn Sie es für richtig halten und es dem Leben aller und nicht nur Ihrem eigenen Leben dient.
Vielleicht kommt Ihnen das alles gar nicht so ungewöhnlich vor, weil Sie vieles davon schon verwirklichen. Vielleicht aber haben Sie das Gefühl: Was soll das, ich allein kann ja doch nichts ausrichten – warum soll ich mir das Leben so unbequem machen, wenn andere das auch nicht tun?
Und schon sind wir mitten in unserem Predigttext.
Bevor wir ihn hören, lade ich Sie ein, mir in die Szenerie zu folgen, aus der unser Text stammen könnte:
Schnelle Schritte trugen Judith durch die unbefestigten Straßen ihres Viertels. Auf dem Weg zu Schwester Magdalena wollte sie noch einkaufen. Für viel würde ihr Geld nicht reichen, aber wenn sie heute Abend bei der Versammlung ein wenig Brot mitbrachte, könnte sie dort mitessen. Das, was sie jetzt einkaufte, würde dann zu Hause für ein paar Münder mehr reichen. Das war ihre Abbitte an die Familie, dass sie zu der

Versammlung ging, obwohl es gefährlich war und die ganze Familie mit noch mehr Repressalien rechnen musste. Manchmal plagte sie die Sorge, dass ihr Bruder Eli sich doch hinreißen lassen würde, sie zu verraten. Sein Freund, der Hauptmann bei der Stadtwache war, würde ihm für diesen Hinweis sicher einiges zukommen lassen. Aber, das wäre auch für den Rest der Familie gefährlich geworden – niemand konnte garantieren, dass sie davonkommen würden, wenn es herauskäme. Als Juden konnten sie sich eben nicht viel erlauben in einer Großstadt wie Rom. Niemandem konnten sie trauen – überall konnten Augen und Ohren sein, die einem übel wollten. Heute war sich Judith sehr bewusst, dass sie in den Augen der Römer ein Unrecht tat: Schließlich war heute Opfertag für die Götter der Römer und alle Welt strömte in die Tempel. Sie hatte sich nicht nur früher von ihrer Arbeit davongeschlichen, sondern war auch noch auf dem Weg zu ihrer Gruppe von Christinnen und Christen – nicht einmal zur Synagoge, wie es die anderen Jüdinnen und Juden zu ihrem heutigen Torafest heimlich tun würden. Im Geiste zog sie den Kopf zwischen die Schultern: sie konnte sich noch gut erinnern, wie in der letzten Woche ihr Arbeitgeber, ein reicher Patrizier, reagiert hatte, als sie hocherhobenen Hauptes vor ihn getreten war und fest und sicher »Nein!« gesagt hatte. Gerade hatte er ihr Arbeit zugeteilt, obwohl sie längst nach Hause hätte gehen können. Niemand war bisher so mutig oder verrückt gewesen, ihm zu widersprechen. Doch – die alte Magdalena hatte auf sie gewartet ebenso wie ihre kranke Mutter und die kleineren Geschwister. Und – sie hatte noch den Brief im Ohr, den bei dem letzten Treffen der Gemeinde Phoebe, die Gemeindevorsteherin, vorgelesen hatte. Es war ein Brief gewesen von einem der Abgesandten der jüdischen Gemeinden in Jerusalem, die sich ebenfalls zu Christus bekannten. Phoebe kannte den Mann persönlich und hatte den Brief mitgebracht: *Zur Freiheit hat Christus uns befreit!*, hatte sie gehört und *Denn in Christus Jesus kommt es nicht darauf an, das ganze Gesetz zu halten, sondern darauf, den Glauben zu haben.* Das hatte Judith dazu gebracht, sich zu wehren. Innerlich zitternd zwar, aber dennoch – jetzt oder nie! Sie hatte an ihre Freundin Esther denken müssen, die sich das Wohlwollen ihres Arbeitgebers erkaufte, indem sie ihm die Dienste ihres Körpers anbot. Nicht freiwillig – nein, aber aus Angst. Aus Angst um Leib und Leben, weil sie ihre Familie weiter ernähren musste. Daran hatte sie gedacht, an Esthers Angst und daran, wie stark und fröhlich sie einst gewesen war, als sie vom Land in die Stadt gekommen war. Schlimmes hatte sie hinter sich. Die Felder der Familie waren von römischen Soldaten verwüstet worden, nachdem sie die Abgaben an den römischen Kaiser nicht mehr hatten zahlen können. Gedemütigt und geschlagen hatte man die ganze Familie – wer weiß, was Esther da alles mit ansehen musste. Doch dann war sie stolz gewesen, dass sie die Stellung als Hausmädchen gefunden hatte – gleichgültig war ihr der Ruf des Hausherrn gewesen, dass er alle Dienstboten als Sklaven behandelte, auch wenn sie frei geboren waren. Zuerst war es Judith aufgefallen, dass Esthers Kleider zu teuer aussahen für ein Dienstmädchen. Dann war die Freundin immer blasser geworden und stiller, die Kleider immer bunter. Irgendwann hatte sie Judith schließlich erzählt, worin die Dienste bestanden, die der Hausherr von ihr erwartete – und nicht nur für ihn selbst. Doch auch im Hause von Esthers Onkel und Tante gab es Kinder und Alte zu ernähren – was hätte sie tun können? Dies alles stand Judith vor Augen und sie setzte alles auf eine Karte: lieber wollte sie sterben, weil sie sich wehrte und dem jüdischen Gesetz und ihren christlichen Grundsätzen treu blieb, als leben und doch tot sein, weil sie keine Lebensfreude mehr empfinden konnte. Nun – in der letzten Woche war ihr Arbeitgeber zu verdattert gewesen um zu reagieren. Und Judith war äußerlich ruhig und bestimmt weggegangen. Bis jetzt hatte sie auf die Folgen gewartet, doch es war noch nichts passiert. Es war nicht einfach, dieses Leben zwischen den Gewalten. Und – sie war niemals sicher und alle, die zu ihr gehörten, auch nicht! Mit einem Blick zum Himmel stellte sie fest, wie spät es schon war und eilte noch schneller zu Magdalena. Ein wenig beruhigt und getröstet durch deren frohes und zahnloses Lächeln, erledigte sie, was sie für Magdalena tun konnte, und hastete dann weiter. Inzwischen kannte sie den Weg, doch er führte durch sehr dunkle Gassen bis zu einem Hinterhof. Auf ihr Klopfzeichen öffnete sich das Tor und es empfing sie ein anderes Mitglied ihrer Gemeinde, Josia und ein weiteres dunkles Tor. Doch sobald sie durch die engen Kellergänge hindurch war, umfing sie warmes Licht und fröhliches Gelächter, das dann plötzlich verstummte, weil die Stimme der Phoebe sich zum Reden erhob – und was Judith da hörte, ließ ihr Herz fast aussetzen vor Erleichterung und Freude:

»Heute will ich euch weiter vorlesen aus dem neuesten Brief unseres Bruders Paulus aus den Ländern jenseits des Meeres.«

Röm 8,1–11 lesen (Bibel in gerechter Sprache)

Ja – es ist wahr, liebe Gemeinde –, wir sind frei! Auch wir sind frei, genau, wie die Judenchristin Judith damals. Doch: Fühlen wir's, nehmen wir es in Anspruch? Gibt es überhaupt etwas, was uns so beherrscht, wie es die Sklavenhalter zu Judiths Zeiten getan haben?
»Das Gesetz des Geistes, der uns lebendig macht in Christus, hat uns befreit vom Gesetz der Resignation.« So betet Dorothee Sölle. (D. Sölle, L. Schottroff, Den Himmel erden, München, 1996, S.60)
Und darin scheint mir ein Schlüssel zu liegen: Resignation ist es doch wirklich, die uns hindert, gegen all das aufzustehen, was unser Leben bedroht – ja, auch unser Leben hier im goldenen Industriestaat Deutschland. Ich denke auf der privaten Ebene an unser Verhalten als Verbraucherin und Verbraucher, ich denke an unseren Umgang mit den Rohstoffen Wasser und Luft. Wie viel und welchen Strom beziehe ich, welche Verkehrsmittel benutze ich? Wie stehe ich zu meinem weitgereisten Joghurt und kann ich auf Erdbeeren zu Weihnachten verzichten? Aber auch: wie gehe ich mit meiner Zeit um, was ist es, das sie mir raubt? Zu welchen Dingen in meinem Leben müsste ich eigentlich »Nein!« sagen? Es ist doch fast das gleiche Dilemma, natürlich auf einem Luxus-Niveau – wie das eben gehörte, das uns in die Sackgasse führt: wenn ich mich ernsthaft wehre, ernsthaft und konsequent Widerstand leiste, muss ich verzichten auf vielerlei Annehmlichkeiten und vielleicht sogar auf Sicherheit und Arbeitsplatz. Denn dahin führt uns die private Ebene schließlich: unser Handeln als Privatperson ist letztlich politisch. Und bringt uns zu der Frage, wie wir uns verhalten angesichts der Macht des Geldes, des Kapitals, der weltweiten Verflechtung von Armut dort und Reichtum hier. Was tun, wenn wir von der deutschen Beteiligung an der weltweiten Giftmüllverschiebung hören, an der deutschen Teilhabe an Waffenexporten und dem Bau neuer Atomreaktoren. Gleichzeitig sind wir vielleicht selbst bedroht oder betroffen, eine der vielen Mio. Arbeitslosen zu sein, und haben uns schon lange an tägliche Gewalt und die Ohnmacht angesichts der fortschreitenden Zerstörung unserer Umwelt gewöhnt. (vgl. C. Janssen, Wie Freiheit entsteht, Gütersloh 1999, S.102ff.)

Das Weghören ist es, das Stillhalten und Aushalten, wenn ich den Brief des Paulus recht verstehe, das sind die Leben zerstörenden Maßstäbe. Die Prioritäten sind es, die wir setzen und die uns schnell an unsere Grenzen führen, bei den erforderlichen Maßnahmen gegen weltweite Umwelt-

zerstörung und politisches Unrecht. Dies sind die Verflechtungen, denen wir genauso wenig entkommen wie die Christinnen und Christen vor zweitausend Jahren. Niemals wird es uns gelingen, neutral zu bleiben und gegen alles, was schiefläuft, zu protestieren. Immer wird es ein Ausschnitt bleiben, was wir wahrnehmen und unsere Kräfte begrenzt. Was also tun? Doch resignieren?
Die Endlichkeit, der Tod sind für die Menschen um Paulus keine Gründe zur Resignation. Für sie bedeutet das gleichzeitig: auch diese lebensfeindlichen Verstrickungen werden ein Ende haben. Kein König, kein Diktator oder Firmenchef haben je ewig gelebt. Und sie alle sind mit leeren Händen gegangen: was also fürchten wir? Und in der Leere, die entsteht, wenn wir Furcht, Resignation und allen anderen Ballast über Bord werfen, da kann neues Leben entstehen. Da kann heilige Geistkraft wirken und unsere müden Seelen durcheinanderpusten. Da werden wir aufgerichtet, heben unseren Blick und können der Welt in aufrechter Haltung entgegensehen. Haben Sie schon einmal bemerkt, dass die besten Ideen dort entstehen, wo wir uns von unserem gewohnten Weg ein wenig abbringen lassen – und verrücken lassen? (Gute Ideen, die in der Nähe und Ferne entstanden sind, können hier eingefügt werden.)
Heute am Geburtstag unserer christlichen Kirchen können wir es wagen, Raum zu schaffen für göttliche Geistkraft, können uns von ihr zu neuen Ufern pusten und aufrichten lassen.
Bitten wir mit Dorothee Sölle: »Gott, deine Geistin erneuert das Gesicht der Erde. Erneuere auch unser Herz und gib uns deinen Geist der Klarheit und des Mutes!«

Gestaltungsidee

Geschenkpaket auspacken; evtl. die Geschichte als Buch herausholen o. Ä.

Symbole, Aktionen

Sich gegenseitig gratulieren, Hände schütteln und gute Wünsche austauschen, die auf Zetteln verteilt werden.

Atemübung erst in beengter, gebeugter, dann in aufgerichteter Haltung: jeweilige Blickrichtung wahrnehmen.

Tipp zum Text

Zu den Hintergründen der Lebensmittelproduktion: E. Wagenhofer, M. Annas, We feed the World, Freiburg 2006; dazu gibt es auch einen Film.

Pfingstmontag
Die Geschichte der Apostelinnen und Apostel 2,22-23.32-33.36-39

Friederike Reif

Exegetisch-homiletische Skizze

Der Predigttext präsentiert wesentliche Ausschnitte aus der Pfingstrede des Petrus, wie sie uns Apg überliefert. Der Verfasser des Lukasevangeliums knüpft mit seinem zweiten Werk an seine Darstellung von Jesu Leben und Wirken an und führt dabei seine heilsgeschichtliche Intention fort. Der hellenistisch gebildete Theologe, der bei eigenen Kontakten zur Diasporasynagoge selbst wohl Heidenchrist war und auch für einen in erster Linie heidenchristlichen Adressatenkreis schreibt, betrachtet Jesu Auftreten als »besonderen Abschnitt innerhalb der Geschichte Gottes mit den Menschen« (Schnelle, a. a. O. S. 297).

Jesus ist quasi der Wendepunkt der Geschichte – in ihm als dem Geistträger erfüllt sich das Zeugnis der Schrift. Nach seiner Himmelfahrt setzt sich Gottes Wirken fort durch den Geist – davon berichtet der Verfasser des lukanischen Doppelwerkes in dessen zweiten Teil. Die Tradition schreibt dieses Werk schon früh dem Paulusbegleiter Lukas zu. Die Theologie des Werkes sowie einige historische Widersprüche zu den Paulusbriefen lassen jedoch eher darauf schließen, dass der Verfasser nicht mit dem Paulusbegleiter identisch ist. Der Einfachheit halber sei er hier dennoch Lukas genannt.

Lukas geht es nun im zweiten Teil seines Doppelwerks viel weniger um die Taten der Apostel als vielmehr um das göttliche Wirken nach Jesu Himmelfahrt – die Ausbreitung des Christentums über die Grenzen von Jerusalem und jüdischem Volk hinaus. Diese Ausbreitung ist dabei durch den Geist gewirkt – somit ist die Pfingstpredigt programmatisch für die Intention des Lukas, da sie die Verheißung des Geistes als gültig betont für das jüdische Volk in Jerusalem wie in der Diaspora sowie für alle, die Gott berufen wird, also auch nichtjüdische Menschen (Vers 39). Dies spricht dafür, dass diese Rede eine lukanische Komposition darstellt, in die der Verfasser Traditionsgut eingearbeitet hat.

Als Abfassungszeit kann die Zeit gegen Ende des ersten Jahrhunderts unserer Zeitrechnung angenommen werden. Lukas wendet sich also mit seinem Werk an die dritte christliche Generation. Ihren Standort in der Heilsgeschichte aufzuzeigen, die Kontinuität von Gottes Verheißungstreue zu betonen (im Blick auf die Parusieverzögerung) und die Erfüllung von Jesu Auftrag durch die Zeuginnen und Zeugen zu beschreiben, das ist die Absicht des Lukas. Dies bildet die Pfingstpredigt im Kleinen ab. Die gesamte Rede umfasst vier Teile: Deutung des Pfingstwunders, Verkündigung der Auferstehung Jesu, Erweis der Messianität Jesu sowie Umkehrmahnung (Pesch, a. a. O. S. 116). Gegliedert und voneinander abgegrenzt sind diese Abschnitte durch ausführliche Schriftbeweise.

Der Predigttext fasst die Rede zusammen und klammert dabei die Schriftbeweise sowie die ausführliche Deutung des vorangegangenen Pfingstwunders aus. Er konzentriert sich auf Jesus als dem Geistträger, die Geistausgießung durch den Auferstandenen sowie die Verheißung des Geistempfangs. Die Unterbrechung der Rede durch die Zuhörer (»Was sollen wir tun?«, Vers 37) wird aufgenommen, um die Umkehrmahnung als Abschluss der Petrusrede einzuführen. In Vers 38 wird das Geschehen dabei als »konditionales Gefüge« (Pesch, a. a. O. S. 125) betont: Umkehr und Taufe sind Bedingung des Geistempfangs.

Die Verheißung des Geistempfangs gilt dabei wie gesagt über die Grenzen des jüdischen Volkes hinaus, was Lukas im Blick auf seinen Adressatenkreis betont. Hier kann der Bogen geschlagen werden zu den heutigen Hörerinnern und Hörern des Predigttextes, denen diese Verheißung ebenso gilt.

Literatur:

Evangelisch-katholischer Kommentar zum Neuen Testament, Band V, Pesch, Rudolf, Die Apostelgeschichte, Teilband 1 (Apg 1–2), Neukirchen-Vluyn u. a. 1986

Schnelle, Udo, Einleitung in das Neue Testament, Göttingen [5]2005

Predigtidee

Wo müssen wir umkehren in unserem Alltag? – Vor einer Baustelle, gewiesen durch eine Umleitung, bei einer Wanderung, bei der wir eine falsche Abzweigung gewählt haben ... Aus solchen Alltagsbeispielen heraus lässt sich das »Ändert euch!/Bekehrt euch!« des Predigttextes aufnehmen und für den/die einzelne/n Predigthörer/in wichtig machen.

Predigtthema

Thema ist die Metanoia, die Umkehr/Wende hin zur Nachfolge Jesu.

Vorschläge zur Liturgie

Votum

Unser Miteinander geschieht im Namen Gottes, der uns auf unseren Weg ruft, im Namen Gottes, der uns den Weg weist, im Namen Gottes, die uns auf diesem Weg belebt und stärkt. Amen.

Gebet zum Eingang

Gott, du belebst uns durch deinen Geist. Gerade jetzt an Pfingsten denken wir an diese Gabe, die wir in unserer Taufe empfangen haben. Lass du uns fühlen, welche Kraft uns erfüllt, lass uns fröhlich sein mit dir. Lass uns deine Gegenwart besonders spüren, wenn es uns nicht so gut geht. Lass uns miteinander erfahren, dass du uns nahe bist und uns verbindest, in diesem Gottesdienst und darüber hinaus. Amen.

Psalm

Psalm 100 (EG) oder aus Psalm 118 (EG)

Lesungen

1 Kor 12,4–11 oder Joh 4,19–26

Kyrie

Pfingsten feiern wir – das Geschenk deines Geistes für uns. Dein Geist, Gott, deine Kraft, die uns inspiriert. Doch lassen wir uns von ihr leiten? Wie oft gehen wir nicht deinen Weg, sondern nur unseren eigenen – weil es bequemer ist, weil es alle machen oder weil wir gar nicht nachdenken. Du aber lädst uns ein zur Umkehr. Wir rufen zu dir: Sei uns gnädig.

Gloria

Du, Gott, bist uns gnädig und lädst uns ein, unseren Weg zu ändern zu dir. Dazu schenkst du uns deinen Geist, Kraft, die uns belebt und erfrischt, die unsere Schritte leicht macht, wo es unbequem ist, die uns ruft, dir zu folgen statt der Masse, die uns erinnert, dass du uns liebst und wir dich und die Menschen lieben wollen wie uns selbst. Wir danken dir für deine Kraft und Güte.

Fürbittengebet

Du, Gott, lädst uns ein, dich zu spüren, deine Geistkraft in uns zu erfahren. Du teilst dich uns mit in der Fülle deiner Liebe. Dafür danken wir dir und loben dich. Dein Geist erweckt die Freude in uns zum Leben und schenkt uns Trost, wo wir ihn brauchen. Um deine Freude und deinen Trost bitten wir auch für andere:

Wir bitten dich für die Menschen, die unter Krieg und Gewalt leiden, in täglicher Angst vor dem Terror, auf der Flucht vor dem Lärm der Waffen. Komm mit deinem Geist und stärke die, die sich für Frieden einsetzen, damit alle Menschen frei und ohne Angst leben können. Wir rufen zu dir:

Gemeinde: Komm, Heiliger Geist.

Wir bitten dich für die Menschen, die von Krankheit betroffen sind, in Angst vor den Schmerzen, in Furcht vor der Ungewissheit, die lernen müssen, mit Einschränkungen zu leben. Komm mit deinem Geist und belebe sie, dass sie Freude spüren über jeden Tag, der ihnen geschenkt ist. Wir rufen zu dir:

G: Komm, Heiliger Geist.

Wir bitten dich für die Menschen, die an ihrer Einsamkeit zu ersticken drohen, die in der Angst leben, vergessen zu werden, die sich außerhalb der Gemeinschaft erfahren. Komm mit deinem Geist und lass sie aufatmen, deine Lebenskraft einatmen, neue Schritte in deine Gemeinschaft tun. Wir rufen zu dir:

G: Komm, Heiliger Geist.

Deine Geistkraft belebt uns, lässt uns frei atmen und voller Freude unseren Weg gehen. Deine Geistkraft verbindet uns untereinander und mit dir. Rufe uns immer wieder neu auf den Weg mit dir, zu dir, auf den Weg des Lebens. Erfülle uns mit deiner Liebe.

Liedvorschläge

EG 136,1+7 O komm, du Geist der Wahrheit; EG 132 Ihr werdet die Kraft des Heiligen Geistes empfangen; EG 569,1–5 (Pfalz) Am hellen Tag kam Jesu Geist; EG 395,1–3 Vertraut den neuen Wegen; EG 171,1–4 Bewahre uns, Gott

Vorschlag zur Predigt

Vor der Verlesung des Predigttextes empfiehlt sich eine kurze Einführung in die Situation (Pfingstwunder, Reaktion der Außenstehenden als Anlass zur Predigt des Petrus).

Möglicher Anfang

»LKW – letzte Wendemöglichkeit« – ein solches Schild begegnete mir kürzlich, als ich mit dem Auto unterwegs war. Es ließ mich aufmerken, klingt es doch so endgültig. »Letzte Wendemöglichkeit« – und wenn der LKW-Fahrer die verpasst, beispielsweise wegen eingeschränkter Deutschkenntnisse?

Es geht hier nur um die Umleitungsempfehlungen wegen einer größeren Baustelle – wer da als Fahrer/in dem GPS vertraut, kann schnell ins Straucheln geraten, da dieses die Umleitungen nicht kennt. Wer dann eben an die Baustelle kommt und nicht mehr so leicht einen passenden Umweg einschlagen kann, hat Probleme. Deshalb der Hinweis: »Letzte Wendemöglichkeit«. Die Erklärung ist ganz einfach, aber das Schild hat mich nicht mehr losgelassen. Die letzte Möglichkeit, etwas zu ändern – wenn die nicht ergriffen wird, ist es zu spät, dann lauern Probleme oder gar Gefahren.

Wo begegnen wir, ganz unabhängig von Straßenverkehr und Baustellenumleitung, solchen Hinweisen in unserem Leben? »Wenn du dieses Mal wieder eine 5 in der Arbeit schreibst, dann ist es zu spät, deine Zeugnisnote zu verbessern.« – »Wenn du mich noch einmal anlügst, brauchst du hier nicht mehr aufzutauchen, dann will ich dich nicht mehr sehen.« – »Wenn du dich nicht gesünder ernährst, wirst du bald richtig krank. Dann kannst du sehen, wo du bleibst.«

Zum weiteren Verlauf

Solche Beispiele, wie sie uns im Lebensalltag begegnen können, wirken wenig motivierend. In der Werbung begegnen uns dagegen oft Aufforderungen, unser Leben zugunsten eines bestimmten Produkts zu ändern, das unser Leben hin zum Besseren wenden würde. Anhand solcher Beispiele kann ausgeführt werden, dass die Aufforderung zur Veränderung motivierender ist, wenn dafür etwas Schönes versprochen wird, anstatt dass etwas angedroht wird. Andererseits haben aber auch Warnungen ihren Sinn.

Nun kann der Bogen gespannt werden zurück zum Predigttext. Die von Petrus Angesprochenen erkennen, dass sie wohl etwas versäumt bzw. etwas falsch gemacht haben und fragen danach, was sie tun sollen. Petrus antwortet mit dem »Ändert euch!/Bekehrt euch!« und setzt dahinter die Verheißung des Heiligen Geistes. Diese Verheißung kann nun im Anschluss an die Beispiele aus der Werbung als motivierend ausgeführt werden (mit dem Unterschied, dass Gottes Versprechen zu trauen ist anders als den Versprechen der Werbung). Die Bibel kennt allerdings auch die Warnungen wie das Eingangsbeispiel »Letzte Wendemöglichkeit«. Auch hierauf kann (kurz) eingegangen werden.

Analog zu diesem Beispiel aus dem Straßenverkehr, mit dem eine beschilderte Umleitung beginnt, gibt auch Petrus einen Hinweis auf den zu wählenden Weg mit der Aufforderung zur Taufe. Weiterhin gibt die Bibel Hinweise, die helfen, auf dem Weg in der Nachfolge Jesu zu bleiben. Nach den Ausführungen dazu kann dann mit der den Predigttext abschließenden Aussage des Petrus, die die Verheißung auf alle Menschen ausweitet, der Bogen weitergespannt werden zu den Hörerinnen und Hörern heute.

Möglicher Schluss

Auch uns gelten Gottes Verheißungen – wir sind Gottes Kinder, und durch unsere Zugehörigkeit zu Jesus sind wir Teil des Gottesvolkes. Für uns hat sich die Verheißung sogar bereits erfüllt, denn wir sind getauft. Die Worte des Petrus sagen es ja deutlich: Wer sich taufen lässt zur Vergebung der Sünden, empfängt Gottes Geistkraft. Wir haben Gottes Geist empfangen in der Taufe, leben mit Gottes Geist unseren Glauben Tag für Tag.

Doch auch das »Ändert euch!« sollten wir nicht einfach überhören. Wer eine Wendemöglichkeit nutzt, kann dennoch wieder von dem neuen Weg abkommen, womöglich ohne es gleich zu bemerken. Genauso wie es notwendig ist, den Hinweisschildern zur Umleitung zu folgen, genauso notwendig ist es, den Hinweisen zu Jesu Weg zu folgen – Hinweisen, wie Jesus sie uns in Wort und Tat gegeben hat, wie sie uns die Bibel überliefert. Die Paulusbriefe berichten uns unter anderem, dass es schon unter den ersten Christinnen und Christen solche gegeben hat, die wegen Missverständnissen, aus verborgener Selbstsucht oder anderen Gründen wieder von Jesu Weg abgekommen sind. Und wir wissen selbst, dass wir manchmal recht unchristlich denken oder handeln, Menschen, die wir eben sind, Menschen, die auch einmal Fehler machen.

So gilt neben der Verheißung manchmal auch das »Ändert euch!« uns und wir tun gut daran, darauf zu achten. Nicht allein, weil wir womöglich unsere »Letzte Wendemöglichkeit« vertun, sondern weil auf dem richtigen Weg, der uns damit gewiesen wird, Gottes Geist uns immer wieder neu belebt. Gottes Geistkraft, die uns erfüllt, nicht nur in diesen Pfingsttagen, sondern bei jedem Schritt auf unserem Weg. Gottes Geistkraft, die uns sicher macht, dass Jesu Weg der richtige ist. Es tut gut, sich auf diese Kraft einzulassen, im Alltag, zur Freude, wenn es uns gut geht, zum Trost, wenn uns Schlechtes widerfährt.

Gott ruft uns immer wieder neu auf den Weg in die Nachfolge Jesu, Gottes Geist will uns immer wieder neu beleben. Lassen wir uns ein darauf, ändern wir unsere Richtung, wo wir merken, dass eine Änderung notwendig ist, und teilen wir auch anderen mit, was wir empfangen haben, so wie Petrus seine Freude an andere weitergibt. So nutzen wir die Wendemöglichkeit, die Gott uns weist. Amen.

Gestaltungsidee

Um die belebende Kraft des Geistes auch erlebbar zu machen, bietet es sich an, einen lockeren Tanz einzubauen, beispielsweise direkt im Anschluss an die Predigt (statt oder zu dem Lied nach der Predigt, eventuell kann noch einmal das Lied »Am hellen Tag kam Jesu Geist« dazu gesungen werden).

Trinitatis
Der 2. Brief an die Gemeinde in Korinth 13,11(12)13

Hannes-Dietrich Kastner

Exegetisch-homiletische Skizze

Ich schreibe diese Zeilen am 7. Januar 2007. Vor zwei Tagen war Bischof Stanislaw Wilgus von Papst Benedikt XVI. zum Erzbischof ernannt worden. Heute sollte Stanislaw Wilgus als Metropolit von Warschau zugleich die Nachfolge von Primas Jozef Glemp antreten. Doch unmittelbar vor seiner Einführung erklärte der Erzbischof, er stehe für dieses Amt nicht mehr zur Verfügung. Sowohl in der Warschauer Kathedrale als auch auf dem Vorplatz kam es daraufhin zu lauten Unmutsäußerungen von Anhängern und Gegnern des Erzbischofs. Hintergrund: Erst kürzlich waren Papiere an die Öffentlichkeit gelangt, die belegen: Stanislaw Wilgus hatte vor Jahren mit dem kommunistischen Geheimdienst kooperiert.
Eine peinliche Affäre sowohl für die polnische Kirche als auch für den Vatikan. Und eine große Herausforderung für Jozef Glemp, der in der vollbesetzten Kathedrale die Messe zu zelebrieren hatte, einen festlichen Gottesdienst, dem urplötzlich der Festanlass weggebrochen war: die Inthronisation des neuen polnischen Primas.
Welche Kraft darf man in einer solchen Situation der Liturgie, dem Evangelium, der Predigt, der Eucharistie, dem Friedensgruß, dem Gebet und dem Segen zutrauen?

Wenn ich unter dem Eindruck dieser Affäre den 2. Brief des Paulus an die Gemeinde in Korinth studiere, so erlebe ich mich auch hier als peinlich berührten Zeugen einer höchst spannungsreichen Beziehung. Auch hier, zwischen Paulus und der von ihm gegründeten Gemeinde, ist es zu Irritationen gekommen, zu verletzenden Anwürfen, zu Grenzziehungen, Bitterkeit und Tränen. Doch der Brief, dessen literarische Einheit immer wieder bestritten wird und der möglicherweise erst durch einen Redaktor die heutige Gestalt gewann, der Brief enthält neben Rechtfertigungsversuchen des Paulus auch werbende und versöhnliche Worte des Apostels. Welche Kraft traut Paulus nun seinerseits in diesem Zusammenhang den letzten Zeilen seines Briefes zu, der Anrede, dem guten Rat, dem Gruß, dem guten Wunsch, dem verbal geäußerten Gestus eines heiligen Kusses und dann auch dem frommen Spruch?

Der Versuchung, den zum Kanzelgruß avancierten wohl geformten, frommen Spruch V. 13 als bloße Erklärungshilfe für das Fest der Heiligen Dreifaltigkeit zu missbrauchen, will ich widerstehen. Der dreigliedrige Spruch (Die Gnade unseres Herrn Jesus Christus und die Liebe Gottes und die Gemeinschaft des Heiligen Geistes sei mit euch allen!) ist zu kostbar, um ihn nur als theologiegeschichtlich interessante Vorstufe der späteren Trinitätslehre zu klassifizieren.

Es fällt auf, dass Paulus in seinen Briefen häufiger kunstvoll geformte Sätze nutzt, die feierlich-ehrwürdig klingen und denen man nicht zu widersprechen wagt (2 Kor 1,3–4; 1,20; 3,17 usw.). Paulus, so scheint es, gebraucht solche poetisch-formelhaft wirkenden Sätze nicht wahllos, sondern sehr bewusst. Wenn sich der Apostel gegen persönliche Angriffe verteidigt (Kap. 10), dann gilt es eben sich zu verteidigen. Wenn er falsche Apostel attackiert, dann redet er scharfzüngig und schonungslos. Doch irgendwann muss dann auch wieder Ruhe einkehren. Irgendwann ist ein verbindlicher Ton nötig. Denn wir brauchen eine verlässliche Basis, und ohne einen lichten Horizont lebt es sich auf Dauer schlecht.

Der Briefschluss, der uns zur Betrachtung am Fest der Heiligen Dreifaltigkeit aufgegeben ist, entschleunigt auf wohltuende Weise das Tempo des Briefes, so wie wir es aus der Musik kennen. »Ritardando« heißt es dort. Und so nehme ich hier bei Paulus zunächst die knappen Mahnungen wahr (V. 11), dann die Grüße (V. 12) und schließlich den liturgischen Spruch, die kunstvolle Abbreviatur einer seelsorgerlich-priesterlichen Geste (V. 13).

Es fällt auf, dass diese Abbreviatur im Urtext ohne Verb steht. Kein Redaktor hat an dieser Stelle glättend eingegriffen. Da heißt es eben nicht: »Die Gnade unseres Herrn Jesus Christus .... sei mit euch allen!« wie

bei Luther. Nein, kein »sei«. Allein Fridolin Stier hat das in seiner Übersetzung durchgehalten (Fridolin Stier, Das Neue Testament, München 1989). Keine Festlegung Gottes auf ein bestimmtes Wirken also, sondern eine nach allen Seiten hin offene poetisch-theologische Abbreviatur, die Christus, Gott und den Geist nicht argumentativ, ausgeklügelt, sondern eher skizzenhaft mit den kostbaren Stichworten Gnade, Liebe und Gemeinschaft verbindet. So wird das tragende Grundgeschehen, dem wir uns als Gemeinde und Kirche verdanken, brieflich-seelsorgerlich vergegenwärtigt und begangen.
Ob Paulus wohl ahnte, was für eine starke Formel ihm da eingefallen war?

Die mit dem griechischen loipos eingeleiteten Mahnungen sind im Grunde traditionell, d. h. stilgerecht:
»Freut euch, lasst euch zurechtbringen, lasst euch ermahnen, habt einerlei Sinn, haltet Frieden!«
Stilgerecht fallen auch die Grüße V. 12 aus. Der »heilige Kuss« setzt einen liturgischen Ort voraus.
Aus der Synagoge ist der Brauch des heiligen Kusses nicht abzuleiten. Ob Paulus selbst diese Geste initiierte, wissen wir nicht. Merkwürdig, dass die für die Perikopenordnung Verantwortlichen V. 12 mit einer Klammer versahen. Nur keine größere Nähe riskieren! So scheint man da empfunden zu haben. Doch genau diese Phobie sollten wir thematisieren. Denn in unserer inneren Abwehr gegenüber allzu großer Nähe offenbart sich doch Schwäche, nicht Kraft.
Der streitbare Apostel will selber nicht im Streit versinken, sondern Brücken aufzeigen und begehen, Brücken, die uns Christus gnädig gebaut hat.

Predigtidee

Vom Segen des kleinen Grußes, des knappen Spruches, des sprechenden Zeichens.

Predigtthema

Ist die Atmosphäre vergiftet, dann bitte keine weiteren Wortgeschosse mehr abfeuern, sondern sparsam das kostbarste knappe Wort wagen!

Vorschläge zur Liturgie

Votum

(Unbedingt so, wie es die Tradition nahelegt:)
Im Namen des Vaters und des Sohnes und des Heiligen Geistes.

Gebet zum Eingang

Ich, wir: Geworfen in Sein und Zeit. / Ins Wechselspiel von Tag und Nacht. / Ich, wir: Im Zwischenfeld von Wohl und Weh. / Ich, wir: Einzig und austauschbar. / Ich, wir: Im Fragespiel nach Sinn und Ziel./ Ich, wir: Wir bitten, beten, / bitten dich: / Schau hin, Gott, und schau her! / Horch hin, Gott, horch und sprich! / So eingespannt in Sein und Zeit, / so hin und her getrieben zwischen Tag, Wohl, Nacht und Weh, / und ständig fragend, Gott, nach Sinn und Ziel: / Wir bitten, beten, / bitten dich: / Gib meinen, unseren Schritten festen Grund bei dir. / Gib meinem, unserem Mut von Christi Mut. / Und Geist gib uns, von deinem Geist; / denn Menschengeist für sich genommen – ach, Gott, wie ist mein Geist verwirrt, verwaist. / Ich, wir: Dir ganz geöffnet. / Dir, Heilige Dreifaltigkeit geöffnet. / So – dir – jetzt – dreifach mein und unser: / Amen. Amen. Amen.

Psalm: Ps 145 (gekürzt)

Lesung: Joh 3,1–8 (9–15)

Zum Kyrie

Wollen habe ich wohl, aber das Gute vollbringen kann ich nicht.
Denn das Gute, das ich will, das tue ich nicht; sondern das Böse, das ich nicht will, das tue ich.
Ich elender Mensch! Wer wird mich erlösen?
Dank sei Gott durch Jesus Christus, unsern Herrn! (Röm 7,18–19.24–25)

Gnadenverkündigung

Gelobt sei Gott, der Vater unseres Herrn Jesus Christus, der uns gesegnet hat mit allem geistlichen Segen im Himmel durch Christus. (Eph 1,3)

Fürbittengebet

Du, unser Gott, du, Mutter, Vater, Tochter, Sohn ...
Wie überreich bist du!
Beziehungsüberreich!
Der du uns einst ins Leben zogst: Du hattest Lust am Menschen.
Und als wir uns verstiegen, da war es wieder deine Lust, uns nah zu sein.
Darum, darum war dein Sohn bei uns. Der Gottessohn als Menschensohn.
Und später dann: die Weisheit, Gott, der Atem, Hauch, dein guter Geist.
Wir bitten dich:
Bleib uns auch morgen anverwandt und zugewandt.
Mach dich erfahrbar uns: beziehungsreich.
Und bilde unsere Sprache aus, dass sie dich sprachlich zart berührt,
dich nicht missbraucht, verschweigt und dich auch nicht entstellt.
Und hilf auch uns zu leben, Gott, in Frieden, liebevoll, beziehungsreich.
Dass wir in Würde streiten: das, guter Gott, erbitten wir.
Dass wir auch heftig streiten: das, guter Gott, erlaube uns.
Doch irgendwann, Gott, gib von deinem guten Geist,
der Köpfe kühlt,
der Atem schenkt und Heiterkeit,
der neu verbindet, tröstet und versöhnt.
Ach, bilde unsere Sprache aus, dass sie uns Brücken bauen hilft,
so dass wir endlich werden, wie du bist:
beziehungsreich, beziehungsüberreich.

Liedvorschläge: EG 126 Komm, Gott Schöpfer, Heiliger Geist; EG 138 Gott der Vater steh uns bei; EG 139 Gelobet sei der Herr; EG 140 Brunn alles Heils, dich ehren wir: als Rahmen für das von allen gesprochene apostolische Glaubensbekenntnis; EG 140,1 – Erster Artikel; EG 140,2 – Zweiter Artikel; EG 140,3–4 – Dritter Artikel – EG 140,5.

Vorschlag zur Predigt

Möglicher Anfang

Wenn uns heute jemand fragen sollte, was wir am Tag der Heiligen Dreifaltigkeit begehen, dann können wir leider nicht antworten: »Setz dich! Ich will dir eine Geschichte erzählen.« Nein, es gibt keine ausgewachsene Festlegende zu Trinitatis, so wie vermutlich auch niemand auf den Gedanken käme, besondere Grußkarten zu Trinitatis zu verschicken etwa mit dem Text: »Glückliche Dreifaltigkeit.«

Statt eine spezielle Geschichte zu erzählen, gilt es heute eher auf so etwas wie Abbreviaturen zu achten, auf kurze Formeln, knappe Sätze, auf Sprüche, die sogar ohne Zeitwort auskommen.

Wir gehen ja tagtäglich mit knappen Formeln um. Beispielsweise wünschen wir einander einen »Guten Morgen«. Oder einen »Guten Tag«. Schade, dass wir manche Formeln so zurechtstutzen, dass ihr ursprünglicher Sinn unkenntlich wird. Mich grüßt häufig eine Radfahrerin mit einem schlappen »Tag«. Von dem ursprünglich gemeinten Wunsch ist nur noch eine banale Feststellung übrig geblieben, dass es Tag sei, was mir natürlich bewusst ist.

Ähnlich ist es auch dem Wunsch widerfahren, der dem anderen ursprünglich einmal eine »Gesegnete Mahlzeit« zugedacht hatte. Dieser Wunsch schrumpfte weithin zur bloßen Information zusammen, dass man sich nun der Nahrungsaufnahme zuwenden werde.

Die knappen Formeln, die unser Miteinander würzend erlebbar machen, sie sind in höchster Gefahr und wollen wieder etwas gepflegt werden.

Ein Lernfeld besonderer Art bietet in diesem Zusammenhang die Kirche, die Gemeinde, der liturgisch auskomponierte Gottesdienst und die gelebte Frömmigkeit.

Zum weiteren Verlauf

Abbreviaturen

Ein Freund von mir gebraucht, wenn er etwas beklagt, gerne den Ausruf »O Herr!«

Das, was mein Freund beklagt, wird von ihm also nicht ausschließlich analysiert und abschließend beurteilt, sondern es wird auch, zumindest rhetorisch, vor Gott ausgebreitet. Die kurze formelhafte Gottesanrede leistet immerhin dies, dass wir nicht gänzlich bei uns und unseren Ge-

danken bleiben, sondern noch Raum für eine andere Perspektive offen halten, nämlich für Gottes Gedanken.
In unseren Gottesdiensten machen wir das übrigens auch, nämlich z. B. mit dem so genannten Friedensgruß, mit dem die Predigt endet: »Und der Friede Gottes, der höher ist als alle Vernunft, bewahre eure Herzen und Sinne in Christus Jesus« (Phil 4,7).
Das ist ja auch kein ausführlicher theologischer Essay, sondern eine knappe Formel.
Diese Kürze reicht aus, um wenigstens auf einen offenen Horizont hinzuweisen.
Nicht, dass sich mein Horizont, wenn der Friedensgruß laut wird, automatisch weiten müsste. Aber es könnte mir immerhin widerfahren. Und es lohnt, dass ich mich für die Möglichkeit offen halte.

Abbreviaturen
Wir eröffnen einen Gottesdienst in aller Regel nicht mit einem saloppen »Hallo« oder mit einem auf eigenem Mist gewachsenen ganz persönlichen Wunsch für einen wonnigen Sonntag, sondern mit einem kurzen Wort: »Im Namen des Vaters und des Sohnes und des Heiligen Geistes«.
Mein eigener Name tritt in diesem Zusammenhang zurück.
Ein ganz anderer Zusammenhang wird stattdessen erinnert, das Haus des Seins, das nicht allein von mir oder uns gehalten wird, sondern von Gott im Schöpfer, von Gott in Christus und von Gott im Heiligen Geist.
Wir tun gut daran, diese knappen Formeln nicht zu verhübschen, zu glätten, abzuschleifen, sondern so belassen, wie sie sind: archaisch, etwas fremd, und doch zutiefst vertraut.

Abbreviaturen
Ich erinnere mich an ein Elfmeterschießen. Die Mannschaften definieren, wer schießen wird. Ich beobachte die Szenerie und bemerke, dass sich der erste Spieler, bevor er den Ball schießt, fromm bekreuzigt, es also nicht bloß dabei belässt, zu zittern, einen erhöhten Puls zu haben, das Adrenalin zu spüren. Sich bekreuzigen. Eine Geste, eine verkürzte gestische Formel. Ich denke ja gar nicht daran, den Spieler von außen zu benoten und seine Geste zu kommentieren, ob sie denn nun echt sei oder leer.

Abbreviaturen
Ich erinnere an den 22. Februar 1943. An diesem Tag wurden der 24 Jahre alte Hans Scholl und seine 21-jährige Schwester Sophie Scholl vom Volksgerichtshof wegen Vorbereitung zum Hochverrat und Feindbegünstigung zum Tode und zum Verlust der bürgerlichen Ehrenrecht verurteilt. Das Urteil wurde am gleichen Tage vollstreckt.
Die Eltern durften ihre Kinder kurz vor der Vollstreckung noch einmal sehen. Inge Aichinger-Scholl berichtet darüber in »Die weiße Rose«. Ganz am Schluss dieser Begegnung heißt es dort in dem Bericht: »Noch einmal sagte die Mutter, um irgendeinen Halt anzudeuten: ›Gelt, Sophie: Jesus.‹ Ernst, fest und fast befehlend gab Sophie zurück: ›Ja, aber du auch.‹ Dann ging auch sie – frei, furchtlos, gelassen.«
Mich berührt diese Szenerie immer wieder neu, die Festigkeit Sophies, aber auch die sprachliche Kreativität der Mutter, die in diesen beklemmenden Minuten ein ganz knappes Stenogramm riskiert: ›Gelt, Sophie: Jesus.‹
Da ist keine Zeit mehr für eine gemütliche Plauderei. Jetzt muss jedes Wort, jede Silbe und jeder Buchstabe sitzen. Also – in aller Knappheit – das Verbindende ansprechen, das Gewisseste, das Unverlierbare. Schlimm, wenn das Verbindende in diesen Sekunden ungesagt bliebe. Und wenn mir in aller Aufregung der aaronitische Segen nicht einfiele, dann wenigstens den Namen Jesu!

Abbreviaturen
Auch der laut ausgesprochene Name eines Menschen kann diesem ein Licht anzünden.
Ich erinnere an die Begegnung Jesu mit der um ihn weinenden Maria von Magdala.
Als sie ihn nicht erkennt, spricht Jesus ihren Namen aus. Und kaum hat er »Maria« gesagt,
da erkennt sie ihn auch schon. Lange Reden und Erklärungen sind oftmals gar nicht nötig.
Manchmal – auch wenn z. B. ein Kind weint oder nachts im Schlaf unruhig ist, sprechen
Mutter oder Vater bloß den Namen aus, und schon kehrt wieder Ruhe ein.

Abbreviaturen
Was das Finden, Erfinden und dann auch den Gebrauch hilfreicher Abbreviaturen angeht,
möchte ich Paulus einen wahren Meister nennen.

Abbreviaturen
Schwerpunktmäßig möchte ich jetzt den Briefschluss des 2. Briefes an die Gemeinde in Korinth skizzieren. Er mündet ebenfalls in einer prägnanten Formel.
Wer einwendet, Paulus wende sich allein um eines »lieben Friedens« willen einer lauen, religiösen Lyrik zu, hat den Brief in seiner Ganzheit nicht gelesen. In dem Brief geht es überhaupt nicht sanft oder lau zu, sondern da wird gestritten, unterstellt, argumentiert und verletzt. Da wird verteidigt und die eigene Person ins Spiel gebracht. Es geht um Theologie und zugleich um die Autorität des Paulus und um seine Integrität.
Der »liebe Frieden«, den Paulus in den Schlusswendungen des Briefes herbeiwünscht, ist kein fauler Friede, sondern die heiß ersehnte Frucht eines Zusammenwirkens. Die Friedfertigkeit der Menschen (Haltet Frieden! V. 11) und die Liebe und der Friede Gottes (V. 11) müssen zusammenkommen. Das ist ein »lieber Friede«, so wie auch ich ihn liebe und für uns herbeisehne.
Dann die Ermunterung, einander in der Gemeinde mit dem heiligen Kuss zu grüßen, also die Grenzziehungen, die normalerweise unter uns üblich sind, für einen heiligen Augenblick außer Kraft zu setzen – so als seien wir für einen Moment gleichsam exterritorial, nämlich im Reich Gottes, in einer Art heiliger Enklave, in der das Gottesrecht uns zu gleichberechtigten und von jedermann geliebten Bürgern macht.
Habe ich eigentlich Lust, eine solche Erfahrung zu machen? Und traue ich mir zu, diese
Frage öffentlich zu bejahen?
Schließlich: Der Kanzelgruß, ein unvollständiger Satz, bei dem jeder Deutschlehrer anmerken würde, dass ihm das Verb fehlt. Aber die rote Tinte des Deutschlehrers richtet da nichts aus. Der knappe Spruch hat Saft und Kraft. Er bezeichnet das Fundament des Hauses unseres Glaubens. In diesem Haus ist Raum und Zeit für Konflikte. Aber Konflikte sind nicht alles. Sie dürfen auch einmal zu einem Ende kommen. Wer sich beratungsresistent zeigt, dem rückt die Heilige Dreifaltigkeit auf den

Leib – und zwar so, dass sie sich in gewandelten, d.h. versöhnungswilligen Konfliktpartnern mitteilt: als Gnade, als Liebe, als Gemeinschaft.

Gestaltungsidee

Ich schlage vor, für diesen Gottesdienst ein vollständiges Programm auszudrucken, das die tradierten liturgischen Formeln im Fettdruck heraushebt und auch die biblischen Quellen jeweils angibt. Diese kurzen Sprüche sollten wir als unsere ganz besonderen Schätze kennen, würdigen und gebrauchen.

Kontexte

Helmut James von Moltke, geb. 1907 zu Kreisau in Schlesien, Jurist und Gutsherr, sammelte um sich Menschen, die zum Widerstand gegen die nationalsozialistischen Machthaber bereit waren (Kreisauer Kreis). Im Januar 1944 wurde er verhaftet. Der Volksgerichtshof verurteilte ihn im Januar 1945 zum Tode. Das Urteil wurde am 23. Januar 1943 in Plötzensee vollstreckt.
Ein ausführlicher Abschiedsbrief an seine Frau ist uns überliefert. Diesen Brief beschließt er mit folgenden Worten:
»Ich aber sage dir zum Schluss, kraft des Schatzes, der aus mir gesprochen hat, und der dieses bescheidene irdene Gefäß erfüllt: Die Gnade unseres Herrn Jesu Christi und die Liebe Gottes und die Gemeinschaft des Heiligen Geistes sei mit euch allen.«
Aus: Helmut James Graf Moltke, Letzte Briefe, Zürich 1997, S. 86

1. Sonntag nach Trinitatis
Das 5. Buch Mose 6,4-9

Esther Pofahl

Exegetisch-homiletische Skizze

Der Predigttext ist ein Text der Mitte, ein zentraler Text. Er bildet die Mitte der Einleitungsreden im Deuteronomium. Er steht zwischen dem Dekalog und dem geschichtlichen Credo (v. Rad; zur Problematik des Begriffs »Credo« siehe Kontexte). Das Erste Gebot, das Grundgebot, wird wie ein Tuch entfaltet und über den Alltag gelegt. Die Worte sind in eine Geschichte, die Geschichte Gottes mit seinem auserwählten Volk, eingebettet und sie sind nur aus dieser Geschichte heraus zu verstehen. Die Verfasser des Deuteronomiums lassen Mose in seiner Rede in die Vergangenheit und in die Zukunft blicken. Die Worte stehen auch zwischen den Generationen im Mittelpunkt und haben so eine Vermittlerrolle.
Der Predigttext ist *das* Kraftzentrum jüdischen Lebens. Wie können wir als Christen und Christinnen die Worte des Sch'ma, die sich an Israel richten, verstehen? Diese hermeneutische Fragestellung steht im Mittelpunkt und bildet den Ausgangspunkt für die Predigt- und Gottesdienstgestaltung. Von Israel, auf die Stimmen der anderen, zu hören, das ist die Antwort, die ich auf diese Frage gebe.
Welche Vermittlerrolle können die Worte im Gespräch der Religionen haben? Es ist eine Frage! Diese Frage ist nicht am Schreibtisch, sondern nur im Hören, Sprechen und Tun zu beantworten. Vieles ist gesagt, geschrieben zum Verhältnis von Christentum und Judentum, vor allem von Christinnen und Christen, von der Bereitschaft zum Gespräch, von den geöffneten Armen, auch von den geöffneten Kirchtüren. Diese geöffneten Arme stehen uns nicht zu! Mission an Israel ist leider auch heute noch ein Thema und zeigt symptomatisch, woran die »missionarische Kirche« krankt: an ihrer Unfähigkeit, den anderen zuzuhören, sie wahrzunehmen, die anderen anders sein zu lassen.

Gibt es eine Brücke zwischen dem Predigttext, der hermeneutischen Fragestellung und dem Anliegen des Trinitatisfestes und der Sonntage nach Trinitatis, die die Trinitätslehre entfalten? Die Trinität spiegelt die Möglichkeit der Vielfalt in einer Einheit. Die Einheit Gottes, von der auch das Sch'ma freilich auf eine ganz spezifische Weise, die nicht gleichzusetzen ist, spricht, bleibt nicht *dennoch,* sondern *gerade* in der Vielfalt gewahrt. Die Differenz bleibt in einem fruchtbaren Spannungszustand, aus dem Leben hervorbricht; die Differenz der drei Personen, die Differenz der Religionen. Es kann in einem Gespräch der Religionen nicht darum gehen, den kleinsten gemeinsamen Nenner zu suchen und die Differenzen abzubauen. Im christlich-jüdischen Dialog erfahre ich immer wieder, dass es den jüdischen Gesprächspartnern gerade um die Differenz geht und sie weder die anderen auf ihre Seite ziehen, noch auf die andere Seite gezogen werden möchten. Dialog und Mission schließen einander aus. Hören und gehört werden. Dialog lebt vom Anderssein des anderen, der anderen und er kann nur gelingen, wenn dieses Anderssein voll respektiert und die lebendige Vielfalt als Chance, nicht als Gefahr wahrgenommen wird. Es geht um die Suche nach dem größten gemeinsamen Vielfachen. Die Trinitätslehre ist ein auf Erfahrung gegründetes theologisches Denkmodell, das der paradoxen Angst vor der Weite in einer pluralen Welt entgegensteht.

Predigtidee

Die Einheit in der Vielfalt. Ich möchte hören, wer ihr seid. Die Vielfalt der Stimmen.

Predigtthema

Höre von Israel!

Votum: »Denn es ist das Wort ganz nahe bei dir, in deinem Munde und in deinem Herzen, dass du es tust.« Dtn 30,14

Statt eines Gebetes
Beten ist Hören

Als mein Gebet
immer andächtiger und innerlicher wurde,
da hatte ich immer weniger und weniger zu sagen
Zuletzt wurde ich ganz still.

Ich wurde,
was womöglich noch ein größerer Gegensatz
zum Reden ist,
ich wurde ein Hörer.

Ich meinte erst, beten sei reden.
Ich lernte aber,
dass beten nicht bloß schweigen ist,
sondern hören.

So ist es:
Beten heißt nicht sich selbst reden hören.
Beten heißt:
Still werden und still sein und warten,
bis der Betende Gott hört.
Sören Kierkegaard

»Das Judentum definiert das Gebet als *Dienst des Herzens*. Der Vers im Gebet ›Höre, Israel!‹, das befiehlt, Gott mit ganzem Herzen zu lieben (5 Mose 6,4f.), hat schon bei den Weisen Verwunderung erregt. Was ist mit Dienst des Herzens gemeint? Und sie gaben auch die Antwort darauf: das Gebet.«
aus: Israel M. Lau: Wie Juden leben. Glaube · Alltag · Feste, Gütersloher Verlagshaus/Verlagsgruppe Random House GmbH, Gütersloh 1993³, Seite 28

Psalm: Ps 16

Lesungen

Evangelium: Lk 16,19–31 »Er sprach zu ihm: Hören sie Mose und die Propheten nicht, so werden sie sich auch nicht überzeugen lassen, wenn jemand von den Toten auferstünde.« (Lk 16,31)
Epistel: 1 Joh 4,16b–21 »Wenn jemand spricht: Ich liebe Gott und hasst seinen Bruder, der ist ein Lügner.« (1 Joh 4,20a)
Im jüdischen Gottesdienst gehört zum Tora-Abschnitt (Sidra) Dtn 3,23–7,11 die Prophetenlesung (Haftara) aus dem Buch Jesaja, Jes 40,1–26.

Das Kyrie des christlichen Gottesdienstes hat seine Wurzeln in jüdischer Überlieferung, im Psalm 123:
»Sei uns gnädig, Herr, sei uns gnädig.« Ps 123,3

Zum Beichtgebet

»Die Quellen der jüdischen Ethik begnügen sich nicht mit einer jährlichen *Rechenschaft der Seele*. Sie betonten die Notwendigkeit einer täglichen *Rechenschaft der Seele* oder zumindest einer *Rechenschaft* in kürzeren Abständen. Deshalb eignet sich die Zeit des ›Höre, Israel‹ vor dem Schlafengehen gut für das Ablegen einer *Seelenrechenschaft* und das Sammeln von Erkenntnissen. Damit legen wir Rechenschaft ab über unsere Taten im Laufe des ganzen Tages: über die guten, die wir verstärken, und über die schlechten, die wir vermeiden sollen.«

aus: Israel M. Lau, Wie Juden leben. Glaube · Alltag · Feste, Gütersloher Verlagshaus/Verlagsgruppe Random House GmbH, Gütersloh 1993[3], Seite 54

Zur Musik

Harmonie ist immer mehr als nur ein Ton. Die Kantorin, der Kantor kann das Thema des Gottesdienstes in der Musik hörbar machen, verschiedenen Stimmen Raum geben, das Hörvermögen schärfen.

Möglicher Anfang

Sch'ma jisrael adonaj elohenu adonaj echad ...
Ihnen kommen diese Worte fremd vor. Es ist die Sprache anderer. Jede Jüdin, jeder Jude versteht die Worte sofort. Woran liegt das? Die Antwort ist einfach. Sie steht im Text: »Sch'ma jisrael. Höre, Israel!« Israel wird angesprochen. Die Adressaten kennen und verstehen die Worte des Lebens. Sie beten sie mindestens zweimal am Tag. Sie beginnen mit ihnen jeden neuen Tag. Schließen mit ihnen jeden Tag ab. Sprechen sie in der Stunde des Todes. Kommen an ihnen nicht vorbei, weil sie an jeder Türöffnung zu Hause und in der Synagoge angebracht sind.
Worte an Israel; wie können wir ihnen begegnen? Man kann, ja muss die Worte umformulieren, damit sie uns gelten: »Höre von Israel!« Wir begegnen den Worten im Lebenszeugnis von Jüdinnen und Juden. Von ihnen zu hören, das ist die einzig mögliche Haltung zu diesen Worten.

Zum weiteren Verlauf

Die Perikope lag lange unbearbeitet auf meinem Schreibtisch, weil ich mich nicht verantwortlich gefühlt habe, weil ich gespürt habe, dass andere zu Wort kommen müssen. Höre von Israel! Wie kann es gelingen, im Zentrum der Predigt die anderen Stimmen hörbar zu machen?

- Leider oft nur im Zitat; die Schoah ließ und lässt Stimmen verstummen.
- Durch die lebendigen Stimmen von Jüdinnen und Juden aus der Nähe und Ferne (s. u. Tipps zum Text).

Möglicher Schluss

An das Ende der Predigt setze ich ein Gedicht, weil mir selber die Worte fehlen, weil es um das Hören geht und weil Gedichte wegen ihrer weltenschaffenden Sprengkraft selten zu Gehör kommen. Die wirklichkeitswunde, jüdische Dichterin Nelly Sachs, die im schwedischen Exil die Schoah überlebt hat, schreibt vom Lauschen her. Lauschen, die intimste Form des Hörens, ganz nah, das Ohr an die Erde gepresst:

Ehe es wächst, lasse ich euch es erlauschen.
Jesaia

Lange haben wir das Lauschen verlernt!
Hatte Er uns gepflanzt einst zu lauschen
Wie Dünengras gepflanzt, am ewigen Meer,
Wollten wir wachsen auf feisten Triften,
Wie Salat im Hausgarten stehn.

Wenn wir auch Geschäfte haben,
Die weit fort führen
Von Seinem Licht,
Wenn wir auch das Wasser aus Röhren trinken,
Und es erst sterbend naht
Unserem ewig dürstenden Mund –
Wenn wir auch auf einer Straße schreiten,
Darunter die Erde zum Schweigen gebracht wurde
Von einem Pflaster,
Verkaufen dürfen wir nicht unser Ohr,
O, nicht unser Ohr dürfen wir verkaufen.
Auch auf dem Markte,
Im Errechnen des Staubes,
Tat manch einer schnell einen Sprung
Auf der Sehnsucht Seil,
Weil er etwas hörte,
Aus dem Staube heraus tat er den Sprung
Und sättigte sein Ohr.
Presst, o presst an der Zerstörung Tag
An die Erde das lauschende Ohr,
Und ihr werdet hören, durch den Schlaf hindurch
Werdet ihr hören
Wie im Tode
Das Leben beginnt.

Nelly Sachs, Lange haben wir das Lauschen verlernt, aus: Nelly Sachs, Fahrt ins Staublose. Gedichte.

Gestaltungsidee

Der Gottesdienst soll der jüdischen Überlieferung Raum geben, ohne sie christlich zu vereinnahmen. Viele Philosemiten sind Antisemiten, unter anderem weil sie den respektvollen Abstand nicht wahren. Im Gottesdienst sollen jüdische Stimmen Gehör finden.

Symbole, Aktionen

Der Predigttext ist reich durch die Vielfalt an Symbolen und symbolischen Handlungen einer jüdischen Lebenspraxis. Religion bleibt nicht auf die Feiertage beschränkt, sondern erfüllt den ganzen Alltag. Das Wort Gottes ist körpernah, alltagsnah, beziehungsnah. Christliche Lebenspraxis hat diese symbolischen Handlungen nicht übernommen. An den Türpfosten ist keine Mesusa angebracht. Gebetsriemen kennen wir allenfalls von Bildern und Reisen. Wir erfahren von Israel, dass glauben und leben in eins fallen, dass der Mensch in seiner Ganzheit, einer Einheit aus der Vielfalt, angesprochen ist.

»Diese Fundamente des jüdischen Denkens befestigen wir jeden Tag an unseren Gliedern, die für die Tätigkeit des Menschen im täglichen Leben wichtig sind und die bedeutendsten Bestandteile seiner Persönlichkeit darstellen: der Kopf – der Sitz des Denkens; der Arm – der verantwortlich ist für Taten und Kraft; und schließlich das Herz – der Sitz der Gefühle. Auf diese Weise sind unsere Gedanken, Taten und Gefühle auf die Erfüllung des Willens des Herrn ausgerichtet.«

aus: Israel M. Lau, Wie Juden leben. Glaube · Alltag · Feste, Gütersloher Verlagshaus/Verlagsgruppe Random House GmbH, Gütersloh 1993[3], Seite 26

Kontexte

»Allerdings sollte man sich hüten, Dogmen mit gewissen bereits in der Bibel vorkommenden Formulierungen – etwa das ›Höre, Israel, der Ewige unser Gott, der Ewige ist einzig‹ (Dtn 6,4) – zu verwechseln. Solche Formeln enthalten im Unterschied zu Dogmen keine Aussagen über Gott, die geglaubt werden sollen, sondern sind nur Ausdruck der religiösen Grundhaltung des Volkes und

zugleich die Voraussetzung für alles andere Gebotene, bei dem es auch nicht um Glauben, sondern um das Handeln geht.«
(aus: Erich Fromm: Das jüdische Gesetz. Zur Soziologie des Diaspora-Judentums, Wilhelm Heyne Verlag/Verlagsgruppe Random House GmbH, München 1996, Seiten 25 f.)

Ein Vorwurf könnte lauten: Ich stelle im Gespräch der Religionen die Wahrheitsfrage nicht. Wer so fragt, gibt zu erkennen, dass es ihm oder ihr nicht um die Wahrheit geht, sondern um die Frage, wer recht hat:

Der Ort,
an dem wir recht haben

Von dem Ort aus, von dem wir recht haben,
werden im Frühjahr niemals Blumen wachsen.

Der Ort, an dem wir recht haben,
ist zertrampelt und hart wie ein Hof.

Zweifel und Liebe aber
lockern die Welt auf
wie ein Maulwurf, wie ein Pflug.
Und ein Flüstern wird hörbar
an dem Ort, wo das Haus stand,
das zerstört wurde.
(Yehuda Amichai)

Tipps zum Text

Das literaturwissenschaftliche Konzept der Dialogizität bei Michael Bachtin in »Die Ästhetik des Wortes«.
Paul Celan: Der Meridian. Rede zur Verleihung des Georg-Büchner-Preises: »Aber ich denke – und dieser Gedanke kann Sie jetzt kaum überraschen –, ich denke, dass es von jeher zu den Hoffnungen des Gedichts gehört, gerade auf diese Weise auch in *fremder* - nein, dieses Wort kann ich

jetzt nicht mehr gebrauchen –, gerade auf diese Weise *in eines Anderen Sache* zu sprechen – wer weiß, vielleicht in eines *ganz Anderen* Sache.«
aus: Paul Celan: Der Meridian und andere Prosa. © Eric Celan

Aus der Fülle der Literatur zum Thema greife ich das Buch »Wie Juden leben. Glaube. Alltag. Feste« heraus, weil hier nicht *über* das Judentum geschrieben wird, sondern Rabbiner Israel Meir Lau, wie es im Geleitwort heißt, dieses Buch *»von innen her«* geschrieben hat.

Einleitungsteil mit Kindern
1. Sonntag nach Trinitatis

Oliver Böß

Leitmotiv: Propheten

Lied: Du Geist der Weisheit, Halleluja (in: J. Zink / H.-J. Hufeisen, Einfach feiern, S.109)

Psalm: nach Ps 34 (z. B. in: Sagt Gott, wie wunderbar er ist. Neue Psalmen für Gottesdienst und Andacht; Verlag Junge Gemeinde, S.114f. »Schmeckt und seht«)

Lesung: Jer 23,16–29: Gegen die falschen Propheten
Hier ist äußerste Sensibilität gefragt, da das kindliche Bild vom stets beschützenden »lieben« Gott hinterfragt wird. Um dieses Gottesbild nicht allzu sehr zu erschüttern, sollte der Bibeltext m. E. diesbezüglich modifiziert, d. h. »entschärft«, werden – vielleicht so:

»Gott lässt euch sagen: Hört nicht auf irgendwelche Leute, nur weil sie meinen, in die Zukunft sehen zu können! Das sind alles Betrüger, weil sie euch das sagen, was ihnen selbst gut tut. Wahre Propheten aber reden nicht von ihren eigenen Wünschen, sondern von dem, was Gott ihnen sagt – auch wenn sein Wort uns nicht behagt.
Hört nicht auf die, die uns eine rosige Zukunft weismachen und einen in Sicherheit wiegen, indem sie sagen: Schert euch nicht um Gott und um das Wohl eurer Mitmenschen! Ihr werdet schon nicht zur Rechenschaft gezogen werden!
Menschen, die so sprechen, sind falsche Propheten! Denn Gott geht es sehr zu Herzen, wenn jemand nicht an die anderen denkt, sondern nur an sich und an das eigene Wohl! Ein solches Verhalten macht Gott traurig und zornig. Er will, dass wir Gutes tun. Die falschen Propheten aber verführen dazu, Schlechtes zu tun! Und wenn sie dann noch sagen, dass das Gottes Wille sei, dann lügen sie. Aber Gott hat alles im Blick, und

alle werden für das, was sie getan haben, geradestehen müssen. Deshalb noch mal: Achtet nicht auf die, die euch selbst erfundene Lügenmärchen auftischen! Sie verbrennen sich die Finger am Wort Gottes; denn Gottes Wort ist wie ein Feuer.«

Besondere Aktion

Im Rampenlicht ist eine große Puppe (aus Stroh oder Schaufensterpuppe ...). Sie wird mit von Kindern oder Konfirmandinnen bzw. Konfirmanden mit bunten Stoffen bekleidet, so dass eine bunte »Prophetenpuppe« entsteht: Ein echter Prophet trägt die Farbe ...

- Rot, die von Gottes Liebe spricht und davon, dass sein Wort wie Feuer ist.
- Gelb, das von Gottes Sonnenglanz spricht – strahlend hell, aber auch vernichtend heiß.
- Grün, das von Gottes Schöpfung, von Leben und Wachstum, spricht.
- Gold, das von der Anbetung und Erhabenheit Gottes spricht.
- Blau, das von Wegen zu Gott spricht: in die Tiefe und zugleich in eine himmlische Dimension, die über unsere räumliche Erfahrung hinausgeht.

Denkbar ist, neben die bunt gekleidete Puppe eine nackte, »blasse« (oder grau gekleidete) Puppe zu stellen, die einen falschen Propheten darstellt.

2. Sonntag nach Trinitatis
Der 1. Brief an die Gemeinde in Korinth 9,16–23

Ute Niethammer

Exegetisch-homiletische Skizze

Die Perikope ist ein Ausschnitt aus der Rechtfertigungsrede des Paulus in Hinblick auf sein Apostelamt. Während er sich im ersten Teil 9,1–15 einerseits von den anderen Aposteln abgrenzt und andererseits für sich denselben Titel beansprucht, skizziert er in der Predigtperikope seine innere Motivation zur Verkündigung, den Grund seiner Apostelwürde. Insofern ist die Textabgrenzung in sich schlüssig.
Es entsteht inhaltlich zunächst eine gewisse Spannung zwischen der postulierten Freiheit des Apostels (vgl. 9,1 ff.) und dem inneren Zwang, den er in der Perikope beschreibt. Mit dem Weheruf (V. 16b) knüpft Paulus damit an prophetische Vorgänger an (z. B. Am 3,8 oder Hes 3,17 f.) und stellt sich damit in die Reihe der direkt von Gott Berufenen. Folgerichtig verweist er in V. 17 f. darauf, dass nur eine freiwillige Tätigkeit ein Lohnverhältnis zur Folge hat (was er somit den anderen Aposteln unterstellt): für ihn kommt dies nicht in Frage, da die Mitwirkung am göttlichen Heilsplan ihm keine Wahl lässt. Er selbst hatte keine Wahl, weil Gottes Wahl auf ihn fiel. Eben das ist seine Legitimation gegenüber den anderen Aposteln, genau darin liegt seine besondere Würde und seine lebenslange Herausforderung. Es ist diese innere Spannung zwischen dem Wissen um das Freigesprochensein durch Gott, um die Unerheblichkeit des Ansehens bei den Menschen und dem inneren Zwang, sich der Wahl Gottes für würdig zu erweisen. Entsprechend kann Paulus sein Amt mit großem Selbstbewusstsein gegenüber Kritikern verteidigen (VV. 1–15) und gleichzeitig sein breites Spektrum an Methoden aufzeigen (VV. 19–22), mit denen er versucht, Menschen das Evangelium nahezubringen.

Was auf den ersten Blick in VV. 19–22 leicht neurotisch, bzw. zwanghaft wirkt, entpuppt sich auf den zweiten Blick als moderne Methode der Evangelisation, holt Paulus doch nach eigenen Angaben die Menschen dort ab, wo sie stehen, indem er sich mit ihnen solidarisiert (»den Juden bin ich wie ein Jude geworden« … »denen, die ohne Gesetz sind, bin ich wie einer ohne Gesetz geworden«, usw.). Aus dem Galaterbrief und den weiteren Kapiteln des Korintherbriefs wissen wir, dass Paulus hier nicht übertreibt, sondern sich tatsächlich so verhalten hat. Immer ging es ihm darum, nahezubringen, dass Gott von Zwängen befreit, dass Gottes Ja in Jesus Christus alle einschließt, die sich dafür öffnen. Und Paulus hat alles dafür getan, eine solche Öffnung attraktiv zu machen (erfolgreich setzte er sich einerseits gegen die anderen Apostel in der Beschneidungsfrage durch, andererseits warnt er die Korinther davor, die neue Freiheit zum Beispiel in der Götzenopferfleischfrage zum Gesetz zu machen)!

Predigtidee

Zunächst scheint die Person des Missionars Paulus ein wenig überdimensioniert für eine Identifikation der gottesdienstlichen Gemeinde; abseits der Legitimationsproblematik des Paulus geht es jedoch bis heute darum, Glauben so zu leben, dass uns andere als authentisch und gleichzeitig als zugewandt erleben. Authentisch Glauben zu leben, heißt, sich dessen bewusst zu werden, dass jede Art der christlichen Stellungnahme in einem nicht christlichen Kontext immer auch Verkündigung ist, und dass eben diese Art der Verkündigung uns mit der Taufe aufgegeben ist. Durch das Zeugnis des einzelnen wächst christlicher Glaube weiter, wird und bleibt lebendig. Das führt einerseits zu einer aktiveren Kommunikation von Glaubensinhalten, andererseits nötigt es uns Respekt ab gegenüber der Frömmigkeitspraxis anderer Gruppierungen, Konfessionen, ja auch Religionen. Paulus' Rechtfertigung seines Amtes kann also zum Ausgangspunkt einer Standortbestimmung des einzelnen Gemeindeglieds werden.

Predigtthema

Vom Sprüche klopfen zum Glauben leben – christliche Identität.

Vorschläge zur Liturgie

Votum
Wir feiern Gottesdienst im Namen Gottes, von dem wir alle herkommen, im Namen Jesu Christi, der auf uns zugekommen ist, und im Namen des Heiligen Geistes, der uns mit Gott selbst und untereinander verbindet.

Eingangsgebet/Bußgebet
In deinem Licht sehen, was hell ist und was Schatten wirft, Gott, das will ich versuchen. In deinem Licht weitergeben, was in mir hell ist.
In deinem Licht aufhellen, was andere verdunkelt.
In deinem Licht mich selbst betrachten und vor dich bringen, so wie ich heute Morgen bin. In der Stille bringen wir vor Gott, was in uns ist an Licht und Schatten.
Stille
Bei dir sind das Licht und die Quelle des Lebens, Gott – erbarme dich unser.

Psalm: Wochenpsalm 36

Lesung: Jes 55,1–3

Fürbittengebet
Praktisch und gut sind manche Bemühungen für ein besseres Verständnis der Religionen dieser Welt und für die Ökumene. Dennoch sind wir weit davon entfernt, den Iststand gutzuheißen. Ermutige jeden und jede von uns, in Dialog zu treten mit den Menschen, die uns begegnen. Ermutige uns, von unseren Erfahrungen zu erzählen, und gib uns die Ruhe, den Erfahrungen anderer zuzuhören. Begeistere uns für deine Vielfalt unter uns.
Wir rufen zu dir: (Kyrieruf, z. B. EG 178.12 o. Ä.)

Praktisch und gut sind die vielen Anlaufstellen für Menschen, denen das Alter, Krankheit oder Sucht zu schaffen macht. Dennoch haben wir keinen Grund, alles gutzuheißen. Stärke alle, die in sozialen Berufen arbeiten. Stütze jene, die Hilfe brauchen. Ermögliche Begegnungen zwischen Helfenden und Hilfesuchenden, in denen etwas von deinem Geist der Liebe zum Tragen kommt. Begeistere uns für deine Vielfalt unter uns.
Wir rufen zu dir: ...

Praktisch und gut ist das soziale Netz in unserem Land. Dennoch zeigen Millionen von Arbeitslosen, verarmte Familien, verrohte Umgangsformen, dass wir die Zustände, wie sie sind, nicht gut nennen können. Schrecke uns auf, unsere soziale Verantwortung ernst zu nehmen. Ermutige Menschen, ohne Angst unerträgliche Zustände zu benennen und zu analysieren. Begleite Menschen in der Politik und uns alle dabei, dein Wort in lebenswertes Leben zu verwandeln, damit wir deinen Geist in seiner ganzen Vielfalt spüren.
Wir rufen zu dir: ...

Lieder

Eingangslied: Auf und macht die Herzen weit (EG 454) oder: Morgenlicht leuchtet (EG 455)
Lied nach der Predigt: Strahlen brechen viele (EG 268) oder: Es ist ein Wort ergangen (EG 586 RG Baden)
Schlusslied: Gott liebt diese Welt (EG 409) oder: Höchster Gott, wir danken dir (EG 578 RG Baden)

Vorschlag zur Predigt

Möglicher Anfang

Quadratisch, praktisch, gut! Ein kerniger Werbespruch! Wer diesen Satz hört, hat sofort eine quadratische, einfarbig verpackte Schokoladentafel vor dem geistigen Auge. Und Menschen wie ich beginnen auch prompt, fieberhaft zu überlegen, ob sich nicht in irgendeiner Schublade doch noch ein Restchen Schokolade verbergen könnte. Wohl der Firma, die solche Werbetexter und PR-Referentinnen hat.

Wenn sich doch auch die Botschaft unseres Glaubens in solch eingängige Sprüche verpacken ließe, die sofort Lust auf den Inhalt machen ...
Versuche dieser Art gibt es freilich, doch im Gegensatz zur Schokoladenwerbung rufen missionarisch gemeinte Slogans sofort unzählige kritische Stimmen auf den Plan. Das Problem besteht allerdings weniger in einem Mangel an kernigen Sprüchen als vielmehr in der Breite möglicher Zielgruppen. Und so bemüht sich die EKD mit Denkschriften um öffentliche Aufmerksamkeit, die katholische Kirche hat den Papst als medienwirksamen Werbeträger entdeckt, die charismatischen Gemeinden laden zu Salbungsgottesdiensten ein – und so weiter. Während jedoch die großen Konfessionen mit ihrem volkskirchlichen Anspruch weiter um Mitgliederstabilität kämpfen, legen kleine Gemeinschaften mit ihren sehr gezielten missionarischen Aktionen problemlos zu oder halten die Mitglieder. Generell gilt: Je kleiner die anvisierte Zielgruppe ist, desto stabiler ist die Gemeinschaft, die sich davon ansprechen und aufbauen lässt. Allerdings ergibt sich dadurch ein neues Problem, nämlich das der Überstabilität – um nicht zu sagen der Erstarrung.
Dieses Zielgruppenproblem ist nicht neu – in der Schriftlesung haben wir gehört, wie Gott durch Jesaja versucht, Menschen durch einladende Worte zu gewinnen. Im Neuen Testament beschreibt uns Paulus seine Marketingstrategie zur Verbreitung des Evangeliums, mit der er so viele Zielgruppen wie möglich erreichen will – ich lese 1 Kor 9,16–23.

Zum weiteren Verlauf

Nach der Lesung des Predigttextes will ich zunächst die Missionsstrategie des Paulus kurz erläutern, speziell seine Eigenart, den christlichen Glauben für Heiden oder ›Schwache‹ niederschwellig zu präsentieren. Beispiele wären seine Rede auf dem Areopag (Apg 17), sein Einsatz gegen die Beschneidung und für die Aufhebung der Speisegesetze (Gal 2 u. 5, Röm 14). Es soll auch deutlich werden, dass Paulus mit diesem Missionsansatz häufig Kritik ausgesetzt war, nicht zuletzt durch die anderen Apostel. Der Predigttext setzt dem das Selbstverständnis des Paulus entgegen, der intuitiv das Wie der Verkündigung dem Wozu anpasste, weil das Evangelium nicht nur sein ›Job‹ ist, sondern sein Lebensinhalt.
Die Predigt kann dann unterscheiden zwischen den Jobs der Werbetexter, die mit einem gelungenen Spruch ihr Werk getan haben und dem niemals endenden Werk des Apostels, der sich unendlich um jeden Ein-

zelnen müht. Ich möchte ausführen, wie Paulus eben genau nicht den Fehler gemacht hat, den christlichen Glauben auf eine kernige Formel zu reduzieren, sondern wie selbstverständlich er vom Stand des Einzelnen ausging und auch bereit war, neue Wege gelebten Glaubens zu akzeptieren, solange sie nicht dem Prinzip der Liebe widersprachen.
Es soll deutlich werden, dass es erst einmal Glaubensmitteilung braucht, um Positionen zu ermöglichen, und dass uns eine solche auch Toleranz und Respekt abverlangt, denn Glaube wird auch heute auf sehr verschiedene Weise gelebt (Beispiele). Ich möchte den Hörenden bewusst machen, dass sie eben auf ihre je spezielle Lebensweise, mit ihrer Art der Kommunikation ebenfalls schon Evangelium verkünden und dass genau darin auch unsere mit der Taufe übernommene Aufgabe und Würde liegt. Neugierig sollen wir deshalb werden auf die Lebens- und Glaubenspraxis der Menschen um uns. Offenheit kann unseren Glauben auffrischen und neu beleben.

Möglicher Schluss

Der Auftrag des Paulus ist noch nicht zu Ende. Es gibt heute viele Möglichkeiten, das Evangelium zu leben, doch es gibt auch viele, die nichts davon wissen oder nichts mehr damit verbinden. Wir haben alle mit der Taufe auch einen Verkündigungsauftrag angenommen. Durch unsere Verkündigung, unser Zeugnis soll christlicher Glaube weiterwachsen, lebendig bleiben und werden. Und dabei dürfen Sie diese beiden Schlagworte ruhig modern auflösen. Verkündigung und Zeugnis heißt dann: offen sein für die Menschen um uns, versuchen, sie so zu sehen, wie sie von Gott gedacht sind. An die Kraft Gottes glauben und deshalb auch daran, dass auch der niederträchtigste Mensch sich ändern kann, wenn ich ihm den Raum dazu gebe. Menschen vergeben – wir sind nämlich frei, und deshalb auch frei von dem Zwang, dass immer alles so gehen muss, wie wir meinen, dass es gut wäre.
Und dann kann Verkündigung, Zeugnis natürlich auch heißen, dass ich meinen Glauben authentisch lebe und davon erzähle, dass ich für und mit anderen beten kann. Ich sage das absichtlich als Zweites, denn ich weiß, wie schüchtern viele Menschen sind, wenn es um ihren Glauben geht, und ich weiß auch, dass zu viel Reden über den Glauben auf andere oft zwanghaft und wenig überzeugend wirkt. Gleichzeitig kenne ich viele, die durch ihre innere Haltung und durch ihre Art des Umgangs mit anderen

Menschen für mich gelebte Verkündigung sind. Sicher kennen Sie auch solche Menschen, womöglich gehören Sie ja selbst dazu?! Doch falls Ihnen das zu wenig ist: Überlegen Sie sich doch einmal einen Slogan!
Mit welchem Spruch würden Sie für Ihren Glauben werben und wie müsste die dazugehörige Werbekampagne aussehen?
Wenn Ihnen was einfällt – erzählen Sie's doch bitte weiter. Ich bin mir sicher, Sie werden damit nicht nur in ein interessantes Gespräch verwickelt, Sie haben damit auch am Evangelium teil.
»Alles aber tue ich um des Evangeliums willen, um an ihm teilzuhaben.«
Amen.

Gestaltungsidee

- Falls aktuelle Poster o. Ä. der Evangelisation vorliegen, kann sich die Predigt an deren Aufmachung orientieren. Vor etlichen Jahren gab es beispielsweise die Plakataktion der EKD, die sich gut im Gottesdienst verwenden ließ. Evtl. können auch Leitsätze der Landeskirche (s. u. Kontexte) das Predigtanliegen ins Heute holen.
- In einem Brot-für-die-Welt-Gottesdienst ließen sich auch mit den entsprechenden Materialen Bezüge herstellen (Plakate, Werbebroschüren etc.).
- In der Kirchengemeinde Freiburg wurde zum 200-jährigen Jubiläum der evangelischen Kirche in Freiburg ein Motto-Wettbewerb zum Jubiläumsjahr ausgeschrieben. Solche und ähnliche Aktionen eignen sich ebenfalls als Einstieg oder Gestaltungsteil zum Thema.

Symbole, Aktionen

- Um eindrücklich an die Einprägsamkeit kurzer Botschaften zu erinnern, könnten am Ende des Gottesdienstes kleine Ritter-Sport-Täfelchen verteilt werden.
- Vorbereitete DIN-A2-Blätter können in einem Aktionsgottesdienst zur Gruppenarbeit über Glaubensinhalte anregen.
- Eine ›Graffitiwand‹ im Kirchenraum regt einen (vielleicht zunächst anonymen) Gesprächsaustausch über den eigenen Glauben an.

»Wes das Herz voll ist, dem geht der Mund über.« (Mt 12,34)

»Rede nie, ohne gefragt zu werden, aber lebe so, dass man dich fragt!«
(Paul Claudel, in: Für jeden neuen Tag Heft 29, AMD Stuttgart, S. 6)

(Leitsätze Evangelische Landeskirche in Baden: Was wir glauben, wer wir sind, was wir wollen. Broschüre der Evangelischen Landeskirche in Baden, Karlsruhe, 2000)

Lothar Zenetti
Worauf sollen wir hören?

Worauf sollen wir hören, sag uns worauf?
So viele Geräusche –
welches ist wichtig?
So viele Beweise –
welcher ist richtig?
So viele Reden –
ein Wort ist wahr.

Wohin sollen wir gehen, sag uns wohin?
So viele Termine –
welcher ist wichtig?
So viele Parolen –
welche ist richtig?
So viele Straßen –
ein Weg ist wahr.

Wofür sollen wir leben, sag uns wofür?
So viele Gedanken –
welcher ist wichtig?
So viele Programme –
welches ist richtig?
So viele Fragen –
die Liebe zählt.

(Lothar Zenetti, Worauf sollen wir hören?
aus: ders., Auf seiner Spur. Texte gläubiger Zuversicht [Topos Plus 327],
© Matthias-Grünewald-Verlag der Schwabenverlag AG, Ostfildern 4. Aufl. 2006, S. 101)

3. Sonntag nach Trinitatis
Das Buch Hesekiel 18,1–4.21–24.30–32

Sebastian Feydt

Exegetisch-homiletische Skizze

»Denn ich, der Herr, dein Gott, bin ein eifernder Gott, der die Missetat der Väter heimsucht bis ins dritte und vierte Glied an den Kindern derer, die mich hassen.« (Ex 20,5)
An keiner anderen Stelle der hebräischen Bibel wird so vehement diesem Grund-Satz des Dekalogs widersprochen wie mit Hes 18. Die Perikope artikuliert das grundsätzliche Problem der Jüngeren mit dem Prinzip der Kollektivhaftung einer ganzen Generation für die Verhaltensweisen und Vergehen der Eltern und Älteren – der Väter wie der Mütter.

Den historischen Hintergrund dafür gibt die Zeit des Exils Anfang des 6. Jahrhunderts v. Chr. ab. Ganz gleich ob fern der Heimat in Babylonien oder zurückgeblieben in Juda: Es breitete sich das Verständnis aus, mit der auferlegten Zwangssituation gemeinschaftlich für das Versagen Israels büßen zu müssen, selbst hingegen aber schuldlos zu sein. An dieser Stelle setzt Hesekiel, der Prophet im Exil, an. Sein theologisches Denken (und das seiner Schüler) führt von der Haftung einer Gemeinschaft als Ganzes gegenüber Gott hin zur Verantwortung des Einzelnen vor Gott. Hes 18 zeichnet eine Individualisierung nach, die dem Einzelnen entgegenzukommen versucht und gleichzeitig Gottes universelles Wirken in der Welt nicht aus-, sondern einschließt. »Denn siehe, alle Menschen gehören mir; die Väter gehören mir so gut wie die Söhne…«(Hes 18,4). Hesekiel »kommt den Angefochtenen mit dem Satz entgegen, dass jedes Leben seine Unmittelbarkeit zu Gott habe. Weder kann die Gottlosigkeit des Vaters dem Sohn den Zugang zu Jahwe verstellen, noch der gottlose Sohn die Gerechtigkeit des Vaters nutzen. Ja, auch innerhalb eines Einzellebens findet keine Verrechnung statt; Jahwe zieht aus dem Leben des

Menschen nicht die Quersumme; dem Gottlosen steht die Umkehr zu Jahwe immer offen ...« (G. v. Rad, Theologie des Alten Testaments, Bd. 2, München 1975, S. 240). Sehr zu Recht wird deshalb von der seelsorglichen Dimension des Hesekiel innerhalb seines prophetischen Wirkens gesprochen.

Eine heutige Auseinandersetzung mit Hes 18 darf nicht losgelöst werden von dem Ringen des Textes um eine neue, veränderte, zeitgemäße Sichtweise sowohl des Verständnisses von Gott als auch des zu jeder Zeit neu zu Tage tretenden Generationenkonfliktes infolge des jeweiligen Zeitgeschehens.
Der Text ermutigt und befähigt dazu, den sich selbst in Frage stellenden Gott zu verkünden, der eben nicht den Tod, sondern der sich das Leben des Menschen zum Ziel setzt und dafür einsteht. Welch eine Chance, heute, da zunehmend mehr über das Verhältnis von Tod und Leben, von Religion und Gewalt gesprochen und gerungen wird, diesen Paradigmenwechsel auch zu predigen. Hes zieht den Gedanken von der Haftung der Gemeinschaft als Ganzes bis hin zur Verantwortung des Einzelnen vor Gott; weg von der Vorstellung eines strafenden, Leben auslöschenden Gottes, hin zu dem Bild eines ringenden, nachfragenden, auf Antwort drängenden und über allem den Menschen in Liebe zugewandten Gottes. Auch das ein Akt seelsorglich begründeten Weiterdenkens, der lohnt, der Gemeinde heute eröffnet zu werden.

Dabei darf natürlich nicht von dem Vorwurf einer unzulässigen Werkgerechtigkeit abgesehen werden, der sich nach wie vor an Hes 18 festmacht. Es ist zu fragen, ob der Kausalzusammenhang zwischen Schuld und Strafe nach christlichem Verständnis allein durch die Umkehr des Menschen, zu der Vers 21 so explizit auffordert, aufgehoben werden kann, oder ob nicht ebenso stark von der Gnade und Vergebung Gottes gesprochen werden muss, wie es Epistel und Evangelium des Sonntags nahelegen. Aber auch Hesekiel selbst hat ja an anderer Stelle mehrfach betont, dass das neue Herz und der neue Geist des Menschen das Werk Gottes sein muss (vgl. Hes 11,19; 36,26). Und Hes 18 selbst lässt diese Richtung bereits anklingen: »Völlig unerwartet, stilistisch überraschend ... bricht mit Vers 23 ... ein ganz anderes *genus* des Wortes ein: die um den Menschen werbende göttliche Frage (W.Zimmerli, BK XIII/1, Neukirchen 1969, S. 413): *»Meinst du,* *dass ich Gefallen habe am Tod des Gottlosen, spricht Gott, der Herr, und nicht vielmehr daran, dass er sich bekehrt von seinen Wegen und am Leben bleibt?*

Predigtidee

In den sich heute schon abzeichnenden kommenden Generationenkonflikt in gut 20 Jahren werden die theologischen Themen von Hes 18 mit ihrem Ringen um ein zeitgemäßes Gottes- und Verantwortungsverständnis auf narrative Weise eingezeichnet. Heutiges Leben und Handeln erfährt dadurch in einer fiktiven Rückblende eine theologische Bewertung, die eine Auseinandersetzung mit den Grundbegriffen Schuld, Strafe und Umkehr eröffnet, bei der das Leben – auch das Leben kommender Generationen – der Maßstab bleibt.

Predigtthema

Wie die Auseinandersetzung mit dem Generationenkonflikt ein neues Gottesverständnis befördern kann.

Vorschläge zur Liturgie

Votum

Der Menschensohn ist gekommen, zu suchen und selig zu machen, was verloren ist. Lk 19,10

Sündenbekenntnis

Zu spät,
anders zu machen,
was geschehen ist
wegen unserer Lieblosigkeit.
Aber da ist ja noch die Vergebung.

Zu spät,
neu zu machen,

was zerbrochen ist
wegen unserer Kälte.
Aber da ist ja noch die Vergebung.

Zu spät,
wieder zu holen,
was weggeworfen ist
wegen unserer Achtlosigkeit.
Aber da ist ja noch die Vergebung.

Menschensohn, erbarme dich!

Das neue Gottesdienstbuch. Hrsg.: Ulrich Kock-Blunk, Gütersloher Verlagshaus/Verlagsgruppe Random House GmbH, Gütersloh 2001

Tagesgebet
Niemand,
Gott,
kann sein Leben von Neuem beginnen.

Was hinter uns liegt – es bleibt.
Jeder Gedanke,
jedes Wort,
jede Tat.
Wir nehmen alles mit
in die Zukunft, die vor uns liegt.

Wir bitten dich,
Gott,
gib,
dass uns Vergangenes nicht zur Last wird,
und dass uns die Erinnerung nicht den Blick
für die Gegenwart verstellt.

Lass uns frei und unbeschwert nach vorn schauen
und gelassen den Weg gehen,
auf dem du uns führst und begleitest

durch Jesus Christus
und deinen guten Heiligen Geist.

Eckhard Herrmann, Neue Gebete für den Gottesdienst.

Lesungen

Epistel: 1Tim 12,1–7
Halleluja-Vers:
Barmherzig und gnädig ist der Herr, geduldig und von großer Güte. Ps 103,8
Evangelium: Lk 15,1–7

Fürbittengebet

Gott, Quelle des Lebens,
an unseren Vorfahren lernen wir,
wie Menschen in die Irre gehen können.
An den Klimaveränderungen spüren wir,
wie wir deine Schöpfung verändern.
Unser Leben ist gefährdet.
Es hilft nichts, davor die Augen zu verschließen.
Wir tragen Verantwortung.

Durch unser Tun und Unterlassen,
durch unsere Trägheit und schweigendes Einverständnis
können wir schuldig werden.
Gott, wir bitten dich um Orientierung für unseren Weg.
Wir hoffen, dass es für Einsicht und Umkehr nicht zu spät ist,
und bitten dich
um den Mut, schwierigen Wahrheiten ins Gesicht zu sehen,
um die Ausdauer, auch komplizierte Sachverhalte zu ergründen,
um die Hoffnung, die nötig ist, um dem Machbaren zu widerstehen.

Als deine Gemeinde, Gott,
bitten wir über unseren Kreis hinaus
und denken im Gebet vor dir an … (konkrete Anliegen).
Amen.

Nach: Heidi Rosenstock, Hanne Köhler, Du Gott, Kreuz Verlag, Stuttgart 1991

Lieder: EG 289,1–5 Nun lob, mein Seel, den Herren; EG 353 als Wochenlied:
Jesus nimmt die Sünder an; EG 395 Vertraut den neuen Wegen

Vorschlag zur Predigt

Möglicher Anfang

Man schreibt den 8. Juni 2030. In den späten Abendstunden trifft sich eine Gruppe junger Leute in den Räumen der evangelischen Kirche. Die meisten sind Anfang zwanzig, viele im Jahr 2008 geboren. Obwohl es erst Frühsommer ist, sind alle froh, dass es jetzt am Abend endlich etwas kühler wird. Die Tagestemperaturen liegen schon seit Wochen weit über dem Üblichen. »Das ist das Erbe unserer Eltern«, ist zu hören. »Ihr Lebensstil am Anfang des Jahrhunderts war der Beschleuniger der Klimaveränderungen.« Ein junger Mann wirft ein: »Nicht nur das allein. Auch die politischen Verhältnisse damals: die anhaltenden Kriege im Nahen Osten, der ungesunde Wirtschaftsboom in China und Indien, der Rohstoffhunger der Industrienationen in Europa und Nordamerika ...« Eine junge Frau, die seit Kurzem Theologie studiert, fügt hinzu: »Es ist immer die nächste Generation, die mit den Fehlern der Eltern und Großeltern leben muss. Mit allen Konsequenzen. So scheint der Lauf der Geschichte zu sein.
Man fragt sich nur, welche Rolle Gott in diesem Lauf der Dinge hat? Wirkt Gott auf diese Weise in der Geschichte? Nehme ich die Gebote ernst, dann verfolgt Gott das Fehlverhalten über mehrere Generationen. Aber ist es nicht ungerecht, für etwas bestraft zu werden, wofür ich gar nicht verantwortlich bin? Was für ein eigenartiges Gottesverständnis verbirgt sich hinter dieser Vorstellung von einem anhaltend strafenden Gott?«
Hes 18, 1–4, 21–24, 30–32 lesen.

Zum weiteren Verlauf

- Vorläufiger Ausstieg aus dem narrativen Einstieg
- Kurze Erläuterung des historischen Hintergrunds von Hes 18 mit Darstellung des Generationenkonfliktes zur Zeit des Exils sowie der entsprechenden theologischen Fragestellungen der Jüngeren bzgl. des Verhältnisses von Schuld und Strafe.

– Einführung der Zielrichtung der prophetischen (Wider-)Rede Hesekiels und seiner Schüler. Mit Hes 18 gegen den Strich bürsten – z. B. gegen den von Ex 20,5. Damit lässt sich die eingangs gestellte Frage aufgreifen: Wie wirkt Gott in der Geschichte?
– Aktualisierung des Generationenkonfliktes an Hand eines Beispiels unserer Tage.
– Aufzählung von verschiedenen, theologisch begründeten Reaktionen auf das genannte Beispiel durch christliche bzw. religiöse Gruppen heute. Hier insbesondere eine Auseinandersetzung mit pietistisch-freikirchlichen Ansätzen ausführen, die stark die Schuldverstrickung des Menschen und die daraus folgende Notwendigkeit zur Umkehr hervorheben. Dagegen betont Hes 18 die individuelle Verantwortung des Einzelnen vor Gott, die ihn zur Einhaltung von Recht und Gerechtigkeit in der Gemeinschaft, sprich in der Gesellschaft ermutigt.
– Ausgehend von Hes 18,23 gut evangelisch, d. h. in diesem Fall lutherisch begründet, Gottes grundsätzliche Vergebungsbereitschaft aufzeigen und diesen Gott der Gnade in seinem Wirken in der Geschichte und in der Gegenwart predigen.

Gott will das Leben. Gott will, dass wir leben.

Möglicher Schluss

Rückbindung an Predigteinstieg

Der Abend ist lang geworden. Einige der jungen Leute sind bereits gegangen. Ein kleiner Kreis diskutiert noch immer. Die Frage, was die Generation ihrer Eltern hätte anders machen können, hat sie nicht wirklich weiter gebracht. Schon eher ihre Überlegungen, was jetzt zu tun ist. Worin besteht die eigene Verantwortung? Was sind die Fehler, die heute begangen werden? Und woraus schöpft man die Kraft, um dieser aktuellen Verantwortung vor Gott und vor anderen Menschen gerecht zu werden?

»Wir werden unser Gottesverständnis neu überdenken müssen«, sagt die Studentin. »Ich kann mich nicht an einen Gott halten, der die Strafe über Generationen ausdehnt. Ich glaube vielmehr, dass Gott jedem Menschen die Chance zur Umkehr gibt. Und, dass es Gott ein Anliegen ist, dass wir leben. Wir, unsere Väter und Mütter – und die Generation unserer Kinder.«

Gestaltungsidee

In der Predigt kann der narrative Stil auch durchgehend aufrechterhalten werden.
Grundidee dann: Die besagte Gruppe kommt zusammen, um gemeinsam einen Gottesdienst vorzubereiten, in dem Hes 18 Grundlage für eine dialogisch angelegte Predigt ist.
Historische und exegetische Anmerkungen würden in lockerer und lebendiger Weise vorgebracht werden können. Die Entwicklungslinie, die der Text aufzeigt, würde aus dem Dialog heraus erkennbar werden.
Voraussetzung dafür: langfristige Vorarbeit und Vorbereitung mit einer überschaubaren Gruppe Jugendlicher bzw. junger Erwachsener.

Tipp zum Text

Kirche der Freiheit, Perspektiven für die Evangelische Kirche im 21. Jahrhundert; darin: Im Jahr 2030 …

4. Sonntag nach Trinitatis
Der Brief an die Gemeinde in Rom 12,17-21

Ludwig Burgdörfer

Exegetisch-homiletische Skizze

Wie Gott mir, so ich dir!
Die Ethik nach dem Dogma
Nachdem Paulus in den Kapiteln 1–11 im Blick auf das Kreuzgeschehen die Barmherzigkeit Gottes durchbuchstabiert hat, kommt er jetzt ganz konsequent zu den Konsequenzen. Gottes Aktion drängt zur menschlichen Reaktion. »Der fundamentale Angriff der Gnade auf den Menschen hinterlässt seine Spuren!« (K. Barth, Der Römerbrief, Zürich 1922, Seite 450)
Gott dienen als Gottesdienst in der Normalität des Alltages und seiner freien Wildbahn. Darauf kommt es an. Und das nicht nur innerbetrieblich orientiert unter meinesgleichen, sondern auch und gerade im Umgang mit den Anderen, die so ganz anders sind und auch woanders meistens. Die Gebote der Feindesliebe und des Verzichtes auf Vergeltung (Mt. 5) klingen deutlich an. Zur unverbrauchten Aktualität des Textes sei an Karl Barths Vorwort zur ersten Auflage seines Römerbriefkommentars erinnert: »Paulus hat als Sohn seiner Zeit zu seinen Zeitgenossen geredet. Aber viel wichtiger als diese Wahrheit ist die andere, dass er als Prophet und Apostel des Gottesreiches zu allen Menschen aller Zeiten redet. ... Unsere Fragen sind, wenn wir uns selber recht verstehen, die Fragen des Paulus und des Paulus Antworten müssen, wenn ihr Licht uns leuchtet, unsere Antworten sein«. (Seite V)
Dabei geht es um die »Grundzüge christlichen Handelns, vor allem im Gemeinschaftsleben«.
(P. Althaus, Der Brief an die Römer, NTD, Göttingen 1946, Seite 107) Und hier wird vor allem anderen die Macht der Liebe, oder vielleicht besser gesagt, die Macht der Ohnmacht thematisiert und damit zur anfechtbaren Anfechtung für uns. »Die scheinbare Ohnmacht im Verzichte auf Rache

trägt in sich eine gewaltige Macht, die Macht der ernsten Liebe Gottes. Güte von dem als Feind Behandelten zu erfahren ist für die feindliche Gesinnung so unerträglich wie glühende Kohlen auf dem Haupte: man muss seine Haltung aufgeben. Solche Güte hat in sich die unwiderstehliche Macht schmerzlicher Beschämung und Überwindung des Trotzes. So ist die christliche Haltung gegenüber dem Unrecht, der Verzicht auf die Vergeltung nicht weichliche Schwäche, sondern mächtige Stärke, nicht bequeme Ergebung, sondern handelnder Glaube an die Macht des Guten über das Böse.« (P. Althaus, ebenda, Seite 109) Der neue Grundsatz lautet: Wie Gott mir, so ich dir! Und das unter ausdrücklichem Verzicht auf jedwede Selbstjustiz. »Nur weil sie durch Gottes Liebe aus dem Hexenkessel des ständig selbstzeugenden Bösen herausgerettet sind ... und nur weil sie sich auf Gottes Liebe als den letzten, allmächtigen Schutz verlassen dürfen ... können sie das erfahrene Unrecht hinnehmen und, statt den Ausgleich selbst zu besorgen, ihn Gott überlassen.« (U. Wilckens, Der Brief an die Römer, EKK VI/3, 1989, Seite 25) Letzten Endes geht es um die Entdeckung der Begabung des Menschen zur Menschenfreundlichkeit, die eben nicht länger darauf abzielt, »dem anderen die Hölle heiß zu machen, wohl aber darauf, dass ihm kräftig warm wird ums Herz.« (R. Gerhard, in: PrSt. VI/2, Kreuz Verlag Stuttgart 1995, Seite 135)

Predigtidee

Der Gottesdienst als Friedensgipfel der Gemeinde.
Die Predigt als Friedenserklärung.
Der Friedensgruß als erste Übung.

Predigtthema

Ständig erklären sich Menschen auf der Welt den Krieg. Unaufhörlich schraubt sich die Spirale der Gewalt durch unseren Alltag. Da ist es doch um des Himmels und der Menschen willen an der Zeit, dass wir uns einmal Zeit nehmen für das Gegenteil: Wir erklären uns den Frieden. Uns selbst und einander. Nach dem Motto: Wie Gott mir, so ich mir und dir!

Vorschläge zur Liturgie

Eingangslied: EG 454,1–6 Auf und macht die Herzen weit

Ergänzendes/alternatives Eingangsvotum
Wir feiern diesen Gottesdienst
im Namen Gottes
Quelle unseres Lebens
Im Namen Jesu Christi
Grund unserer Hoffnung
Im Namen des Heiligen Geistes
Band allen Friedens

Schwestern und Brüder, steht auf.
Steht auf und erhebt euere Herzen.
Steht auf und erhebt euere Augen.
Steht auf und erhebt euere Stimmen.
Gott ist das Leben.
Sein Geist ist lebendig
und ruft uns zusammen,
zur Feier,
zum Aufbruch,
zum Friedensschluss.
Wendet euch einander zu,
denn Gott tut es schon lange.
frei nach: Winfried Penk in: H. Rosenstock/H. Köhler, Du Gott, Freundin der Menschen, Seite 12

Psalm
Worte nach Psalm 24
Das ganze Weltall gehört Gott,
vom kleinsten Atom bis zum entferntesten Sonnensystem.
  Sein Wohngebiet ist die ganze Erde,
  er ist Vater und Mutter, Bruder und Schwester aller Menschen.
Wer darf an seine Haustür klopfen
Und wer darf seine Nähe erfahren?
  Nur, wer den Nächsten nicht niederschlägt mit harter Faust
  Nur der, der seinem Bruder ohne Vorurteil begegnet.

Denn wer auf Lüge und Betrug verzichtet
Und für den Frieden eintritt,
zu dem bekennt sich Gott,
der geht den Weg, den Gott verlangt.
  Nun öffnet die Tore weit und vergrößert die Türen,
  damit der große König einziehen kann!
Wer ist denn dieser große König?
Wer ist stark und mächtig?
  Es ist Gott, der Starke, der Mächtige,
  mächtig im Kampf gegen Hunger und Unterdrückung.
Nun öffnet die Türen weit und vergrößert die Türen,
damit der große König einziehen kann!
Wer ist denn dieser große König?
  Es ist der Vater alles Lebendigen,
  Er ist dieser große König.

Diethard Zils: Das ganze Weltall gehört dem Herrn (Nach Psalm 24)
aus: Mein Liederbuch, Band 1, Seite 16 © tvd-Verlag Düsseldorf, 1981

Ein umgekehrtes Schuldbekenntnis

Christus, ich bekenne vor dir,
dass ich keinen Glauben
an meine eigenen Möglichkeiten gehabt habe.
Dass ich in Gedanken, Worten und Taten
Verachtung für mich und für mein Können gezeigt habe.
Ich habe mich selbst nicht gleichviel geliebt
wie die andern,
nicht meinen Körper,
nicht mein Aussehen,
nicht meine Talente,
nicht meine eigene Art zu sein.
Ich habe andere mein Leben steuern lassen.
Ich habe mich verachten und misshandeln lassen.
Ich habe mehr auf das Urteil anderer vertraut
als auf mein eigenes.
Und habe zugelassen, dass Menschen
gleichgültig und bösartig mir gegenüber gewesen sind,
ohne ihnen Einhalt zu gebieten.

Ich bekenne,
dass ich mich nicht im Maße meiner vollen Fähigkeiten
entwickelt habe,
dass ich zu feige gewesen bin,
um in einer gerechten Sache Streit zu wagen,
dass ich mich gewunden habe,
um Auseinandersetzungen zu vermeiden.
Ich bekenne,
dass ich nicht gewagt habe zu zeigen,
wie tüchtig ich bin,
nicht gewagt habe, so tüchtig zu sein,
wie ich es wirklich sein kann.
Gott, unser Vater und Schöpfer,
Jesus, unser Bruder und Erlöser,
Geist, unsere Mutter und Trösterin,
vergib mir meine Selbstverachtung,
richte mich auf,
gib mir Glauben an mich selbst
und Liebe zu mir selbst.

Aus einem Gottesdienst schwedischer Frauen, Lena Malmgren, in: H. Rosenstock/H. Köhler, Du Gott, Freundin der Menschen, Kreuz Stuttgart, 1994, Seite 63

Gloria

Es muss nichts bleiben, wie es war.
Ich bin so frei
und fang neu an.
Mit mir, mit dir,
mit meiner Welt.
Mein Glaube zweifelt sich stark,
meine Hoffnung gibt sich nicht auf,
und meine Liebe lacht in den Morgen.
Und auf einmal ist sie wieder da
wie eingehauchter neuer Odem:
die Lust auf das Leben.
Und wir singen:
Ehre sei Gott in der Höhe!

Lesungen: AT: Micha 4, 1–4 (Das kommende Friedensreich Gottes)
NT: Matthäus 5, 38–48 (Vom Vergelten und von der Feindesliebe)

Weitere Lieder: EG 433,1+2 Hevenu schalom; EG 666, 1–3 (Baden, Elsass, Lothringen, Pfalz) So ist Versöhnung; EG 430, 1–4 Gib Frieden, Herr, gib Frieden; EG 436 Herr, gib uns deinen Frieden; EG 610, 1–3 (Regionalteil Baden, Elsass, Lothringen, Pfalz) Herr, wir bitten

Fürbittengebet

Herr, mach mich zu einem Werkzeug deines Friedens,
dass ich Liebe übe, wo man sich hasst,
dass ich verzeihe, wo man sich beleidigt,
dass ich verbinde, wo Streit ist,
dass ich die Wahrheit sage, wo der Irrtum herrscht,
dass ich den Glauben bringe, wo der Zweifel drückt,
dass ich die Hoffnung wecke, wo Verzweiflung quält,
dass ich ein Licht anzünde, wo die Finsternis regiert,
dass ich Freude mache, wo der Kummer wohnt.
Herr, lass mich trachten,
nicht, dass ich getröstet werde,
sondern dass ich tröste,
nicht, dass ich verstanden werden,
sondern dass ich andere verstehe,
nicht dass ich geliebt werde,
sondern dass ich andere liebe.
Denn wer hingibt, der empfängt.
Wer sich selbst vergisst, der findet.
Wer verzeiht, dem wird verziehen.
Und wer stirbt, erwacht zum ewigen Leben.

aus: Souvenir normand, um 1913 nach der franziskanischen Tradition

Vorschlag zur Predigt

Möglicher Anfang

Wie du mir, so ich dir! So lautet eine alte Regel. In der Regel funktioniert das auch so auf der Welt. Was ich einstecken muss, gebe ich weiter. Aber mindestens so viel. Auge um Auge! So regeln wir das. Das Ergebnis ist bekannt. Unfriede, Hass und Streit reproduzieren sich auf Teufel komm raus. Und der kommt dann auch wie gerufen und geht so schnell nicht wieder. Dagegen will Paulus uns heute anstiften zum friedlichen Gegenangriff. Tatsächlich soll es heute unter uns anfangen aufzuhören mit dem: »Wie du mir, so ich dir.« Der Apostel hat eine neue Parole, die wir heute einmal einüben sollen. Und die heißt: »Wie Gott mir, so ich dir!« Darauf gekommen ist Paulus in seinem Römerbrief, nachdem er sehr lange und sehr theologisch logisch nachgedacht hat. Ihm ist klargeworden: Wenn Gott uns Menschen so lieb hat, obwohl wir so sind, wie wir sind, dann kann es doch gar nicht sein, dass wir unter uns gnadenlos bleiben. Wenn Gott uns verzeiht und vergibt und jede Menge Neuanfänge zugesteht, dann können wir unmöglich miteinander weiterhin kurzen Prozess machen, dann können wir unmöglich jetzt schon mit uns fertig sein, indem wir uns ständig fertig machen. Wie Gott mir, so ich dir – das könnte der neue Anfang für ein altes Dilemma sein, das wir endlich überwinden. Wir überraschen und verblüffen uns gegenseitig mit nie dagewesener Gnadenfrist und beschämender Großzügigkeit, bis uns der Spaß am Hass vergeht. Das wäre doch eine spannende Variante zu den Kriegsspielen des Alltages, wie wir sie kennen. Den Krieg erklären, das haben wir uns jetzt lange genug angetan, lokal, global, überall. Heute erklären wir uns zur Abwechslung mal, endlich, den Frieden. Darin sind wir natürlich nicht geübt. Das ist für uns ganz ungewohnt. Da fehlen uns glatt die Worte und die Taten sowieso.

Wo soll es auch herkommen. Wie sollten wir das auch besser können? Da geht es uns doch eher wie einer Gruppe spielender Kinder, die nach einer russischen Legende, um die Ecke wild darauf los balgen und dabei lauthals übereinander herfallen bis es drunter und drüber geht. Sie treten, beißen, schlagen und weinen, sie wimmern und wollen doch nicht aufhören. Und die einen sind stark und die anderen schwächer und es nimmt und nimmt kein Ende. Da kommt, so heißt es, ein altes Väterchen vorbei, beobachtet das wilde Treiben, wird ganz schaurig traurig dabei und

ruft schließlich eine der Rotznasen zu sich her und sagt: »Junge, warum spielt ihr bloß immer nur Krieg. Spielt doch endlich mal Frieden!« Nachdenklich und recht irritiert dreht sich der Junge wieder ab, zurück zu den anderen. Da stockt er, bleibt stehen, dreht sich noch mal ungläubig um und fragt: »Väterchen, wie spielt man Frieden?«
(vgl.: Wie spielt man Frieden, in: Willi Hoffsümmer, Kurzgeschichten 1, Seite 90)
Tatsächlich – so ist es – so geht es uns: Wir kennen die Spielregeln des Friedens nicht. Wie Krieg, wie Treten und Getreten werden geht, das wissen wir, das haben wir gesehen, gehört, erlebt und erlitten auch. Aber das Gegenteil, der Teil vom Leben gegen Unfriede, was die Macht ohne die Ohnmacht macht, das können wir uns so schlecht vorstellen. Paulus hat deshalb für uns ein Drehbuch geschrieben, weil es Zeit ist, dass sich was dreht. Er hat dabei ganz genau auf Jesus gehört, der die Feindesliebe und den Verzicht auf Vergeltung schon auf dem Berg damals gepredigt hat. Und er tut es jetzt wieder. Und das klingt dann abenteuerlich, unglaublich, wenn er sagt, es ginge darum Böses mit Gutem zu überwinden, keine Rache zu üben, weil das Gott schon irgendwie selber regelt, nicht mehr länger einander die Hölle heiß zu machen, sondern eher dafür zu sorgen, dass es den andern warm ums Herz wird, wenn wir den Frieden erklären – ganz konkret.

Zum weiteren Verlauf:

Jetzt können lokale und globale Konfliktsituationen ganz konkret aufgegriffen und benannt werden. Das kann gar nicht aktuell genug sein, um mit viel Zeitgenossenschaft im Hier und Heute dem Glauben ein Mitspracherecht mit Alltagsrelevanz zu geben. Ohne Schuldzuweisungen und subjektive Bewertungen sollen Zerwürfnisse und potenzielle Kriegsschauplätze angeschaut werden, um zu zeigen, wo es überall brennt. Und dann wird es unweigerlich zu der üblichen inneren Abwehrhaltung kommen, die da sagt: »Was kann ich da als Einzelne, als Einzelkämpfer machen. Das geht doch alles ohne mich schief!« Und der resignative Grauschleier legt sich dann wiederum auf uns. Und genau da muss dann der entscheidende Impuls der Predigt, ja des ganzen Gottesdienstes ansetzen. Denn es geht genau darum, dass ich selber anfange, meiner Umgebung den Frieden zu erklären, damit er sich wie eine ansteckende Gesundheit verbreiten kann. Um das zu zeigen und zu fühlen und auszuprobieren, folgt jetzt zweierlei: Die Friedenserklärung des Predigers/der Predigerin und der Friedensgruß in den Kirchenbänken.

Möglicher Schluss

Friedenserklärung

Hiermit erkläre ich heute schon einmal probeweise und vorsichtshalber mir und dir den Frieden. Nachdem ich erfahren habe, dass Gott selber tatsächlich mich höchstpersönlich liebt, mehr als ich es selber kann, da bleibt mir doch nichts anderes übrig, als den Krieg einzustellen, den Krieg gegen mich und dich. Ich stelle feierlich das Feuer ein, mit dem ich anderen die Hölle heiß machen wollte – ab und zu. Ab sofort will ich in einer waffenfreien Zone wohnen und mit entwaffnender Liebesmüh ins Umfeld ziehen. Ich halte erklärtermaßen den ruinösen Kampf Auge um Auge für Augenwischerei und verzichte großzügig darauf durch vermeintliche Siege immer mehr an Lebenslust zu verlieren. Hiermit kläre ich endgültig meine Rolle als Christ und verweigere jede Bereitschaft weiterhin irgendwelche voreiligen Vorurteile über Andere in Umlauf zu bringen und mit halben Wahrheiten, sie zu halben Portionen zu machen. Ich bin auch nicht länger bereit, schweigend zuzuhören, wenn menschenverachtend über Andere gesprochen wird. Ich entziehe meine Einwilligung denen, die mich gerne zum stillen Teilhaber ihrer Machenschaften machen wollen, mich triezten als Komplizen. Nur weil ich nicht eindeutig der Zweideutigkeit widersprochen habe. Damit ist jetzt Schluss. Ich nehme meine Einzugsermächtigung denen gegenüber zurück, die meinen Glauben, meine Hoffnung und meine Liebe in den Bankrott treiben wollen. Ich kündige die Mitgliedschaft in jedweder uneinigen Vereinigung, in der man sich unheimlich einig ist, wenn es um die geht, die sich nicht so vereinnahmen lassen. Ich werde mich ab heute auf die Suche machen nach Worten und Zeichen und tatsächlichen Taten, mit denen das zarte Friedenspflänzchen wachsen kann. Ich schiebe die Sache nicht länger auf die lange Kirchenbank. Heute mache ich den Anfang: Ich erkläre dir den Frieden, der von Gott kommt. Und sage: »Wie Gott mir, so ich dir. Friede sei mit dir! Der Friede des Herrn sei mit dir!«

»Verleih uns Frieden gnädiglich, Herr Gott, zu unsern Zeiten. Es ist doch ja kein andrer nicht, der für uns könnte streiten, denn du, unser Gott, alleine!« (M. Luther, EG 421)

An dieser Stelle beginnt jetzt der Friedensgruß durch die Kirche zu wandern. Das kann je nach lokalen Bedingungen und vorfindlicher Tradition wiederholt bzw. neu eingeführt und in Zukunft in die Liturgie des Gottesdienstes fest integriert werden.

Gestaltungsidee

Anspiel: Wohngemeinschaft
(frei nach P. Spangenberg: Gleichberechtigung, in: Der Stein der tanzenden Fische, Gütersloh 1976,Seite 709

Personen: Sprecher/in, 6 Mitspieler mit jeweils einem an einem dünnen Stock befestigten, groß gedruckten Wort. Mit diesem treten sie nacheinander vor)

Sprecher/In:
In einem schönen Satz wohnten zu einer bestimmten Zeit einige schöne Wörter.
Sie wohnten friedlich und in Harmonie nebeneinander und beieinander. Ganz so wie in einer schönen Straße. Also in einer solchen Satzstraße wohnten wie gesagt etliche schöne Wörter.
(4 Mitspieler kommen jetzt von der Seite und heben ihr Wort jeweils dann hoch, wenn es von dem Sprecher / der Sprecherin genannt wird)

Sprecher/in:
BEI
UNS
HERRSCHT
FRIEDEN

So eine schöne Satzstraße ist das gewesen. Jedes einzelne Wort war glücklich und zufrieden.
BEI sagte zu den anderen:

DaBEIsein ist alles!

UNS sagte ab und zu:

UNS kann keiner!

HERRSCHT antwortete dann und wann:
Man muss sich nur beHERRSCHEN können!

Und schließlich, ganz schiedlich friedlich war vom FRIEDEN zu hören:
Immer schön FRIEDlich bleiben!

Eines Tages kamen zwei neue Wörter. Sie kamen von weither und hießen *(Die zwei weiteren Spieler kommen jetzt erstmals sichtbar dazu und heben ihre Wörter hoch)*

FOR
EVER

Da war es auf einmal aus und vorbei mit der gewohnten Harmonie und mit dem ganzen Frieden. Die ganze Straße rief aufgebracht:

IGITTEGIT!

BEI sagte:

BEI aller Liebe, aber die sind mir zu fremd!

UNS redete mal wieder für alle und sagte:

UNS gefallen die nicht!

HERRSCHT verlor die Beherrschung:

Das ist unsere Straße!

FRIEDEN rang um Worte und sagte:
Kann man denn hier nicht in Frieden leben?

Nacheinander hatten sie alles Mögliche und Unmögliche an den fremden Fremdwörtern auszusetzen. Sie sagten:

BEI: Es riecht auf einmal anders als BEI UNS.
HERRSCHT: Die sehen auch so anders aus.
BEI: BEI uns sieht keiner so aus!
UNS: Die können wir bei UNS nicht gebrauchen!
HERRSCHT: Wir müssen sie höflich, aber bestimmt verabschieden!

Sie gerieten ganz außer sich und gingen aufgeregt um die beiden neuen fremden Wörter herum und zeigten sich auf einmal von einer ganz anderen Seite.
(Alle vier laufen um die zwei Neuen, bis die flüchten. Dabei kann man für einen Moment die Rückseiten ihrer Wörter sehen. Dann nehmen sie wieder ihre Plätze ein und drehen ihre Namensschilder in dem Moment um, in denen der Sprecher/die Sprecherin sie aufrufen.)

Sie waren bisher immer ganz friedlich gewesen. Aber was sich jetzt an ihnen zeigte, das stand auf einem ganz anderen Blatt.
Aus BEI war auf einmal GEGEN geworden.
UNS mutierte zu ALLE.
HERRSCHT hieß jetzt auf einmal WÜTET.
Und aus dem Frieden war das glatte Gegenteil geworden: HASS.
Da wurden alle in der Satzstraße ganz traurig.
Warum nur, fragten sie sich jetzt, da es zu spät war, hatte bloß keiner die fremden Fremdwörter gefragt, wie sie eigentlich heißen, und was sie bedeuten?
Es hätte so schön werden können:
Für immer ...

Kontext

Das Haus des Friedens
Ein Maler hatte ein großes Bild gemalt, das er »Haus des Friedens« nannte. Ein großes Haus in warmen und freundlichen Farben war zu sehen, eine harmonische Atmosphäre strahlte von dem Bild aus. Gerne blieben die Menschen in der Ausstellung vor dem Werk stehen. Auch ein Mann und sein kleiner Sohn betrachteten lange das schöne Bild. Doch plötzlich fragte der Junge seinen Vater: »Etwas an dem Bild ist komisch. Das Haus hat zwar eine Haustür, aber die Tür hat keine Türklinke. Wie soll denn da der Friede ins Haus kommen?« Der Vater war erstaunt, dachte eine Weile nach

und versuchte dann eine Antwort: »Die Türklinke hat der Maler bestimmt nicht vergessen. Vielleicht wollte er etwas damit sagen: Der Friede kann nur zu uns ins Haus kommen, wenn wir ihm von innen die Tür öffnen und ihn einladen, bei uns zu wohnen.«
(Hermann-Josef Frisch, Vorbereitungsbuch Gottesdienst, Gütersloher Verlagshaus/Verlagsgruppe Random House GmbH, Gütersloh 2002, Seite 68)

5. Sonntag nach Trinitatis
Der 2. Brief an die Gemeinde in Thessalonich 3,1–5

Birgit Brügge-Lauterjung

Exegetisch-homiletische Skizze

Über die Situation der Gemeinde in Thessalonich erfahren wir aus den beiden Briefen an die Gemeinde in Thessalonich und aus der Apostelgeschichte (Kapitel 16 und 17).
Nachdem Paulus, Silvanus (Silas) und Timotheus, als »Unruhestifter« diffamiert, die Gemeinde in Thessalonich verlassen mussten, beobachten sie mit Besorgnis die weitere Entwicklung der neu gegründeten Gemeinde. Der falsche Glaube einiger Gemeindemitglieder, die Ankunft Christi stünde kurz bevor, führt zu religiöser Schwärmerei und verantwortungslosem Leben auf Kosten anderer. Daraufhin reisen Silas und Timotheus erneut nach Thessalonich und kehren mit guten Nachrichten zu Paulus zurück.
Der 2. Brief an die Thessalonicher enthält Mahnungen, an der Lehre der Apostel festzuhalten und sich durch nichts und niemanden beirren zu lassen.
Der Predigttext beinhaltet die Bitte an die Gemeinde, für die Arbeit der Apostel und die Ausbreitung des Wortes Gottes zu beten (V. 1), sich von den Ungläubigen nicht vom rechten Weg abbringen zu lassen (V. 2) und zu tun, was die Apostel gebieten (V. 4). Den Mahnungen korrespondieren der Zuspruch der Treue Gottes (V. 3) und der Wunsch, dass Gott das Leben der Christinnen und Christen auf seine Liebe und Christi Geduld ausrichten möge (V. 5).

Es sind verschiedene gewichtige Themen, die in diesem kurzen Abschnitt angesprochen werden: die Fürbitte der Gemeinde, die Ausbreitung des Wortes Gottes, die Bitte um Erlösung von den Bösen, die Unverfügbarkeit des Glaubens, der Gehorsam der Gemeinde, die Lebensausrichtung auf

Liebe und Geduld. Dadurch entsteht der Eindruck, der Gedankengang sei sehr sprunghaft. Fordernde Sätze und zusprechende Verse wechseln einander ab.
Theologisch bedenklich erscheint mir Vers 2 mit der Bitte um die Erlösung »von den falschen und bösen Menschen«. Anders als in Vers 3: »…bewahren vor dem Bösen« und in der Vaterunser-Bitte: »Erlöse uns von dem Bösen« (Mt 6,13b), in der sich alle als der Macht des Bösen ausgeliefert ansehen, wird hier eine bestimmte Menschengruppe als »böse« qualifiziert. Und was bedeutet in diesem Zusammenhang dann »erlöst werden von«? Das klingt mir doch sehr nach Vernichtung eben dieser Menschengruppe. Diesen Vers unkommentiert stehen zu lassen, halte ich für homiletisch verantwortungslos, bietet er doch ein gefährliches Einfallstor für Spekulationen, wer denn heute mit den »Bösen«, die vernichtet werden sollen, gemeint sein könnte (Terroristen, Muslime generell, Straftäter …).

Anders als in mir bekannten Predigtstudien, die ein Thema (Nachfolge, Fürbitte, Gemeindeaufbau) favorisieren, möchte ich der Dynamik des Textes folgen. Denn nur aufgrund sich steigernder Emotionen und wachsender Erregung beim Briefschreiber lassen sich für mich einzelne Äußerungen einordnen und verstehen.
Bei dem Versuch, den Text als gedankliche Einheit zu sehen, bin ich auf allzu menschliche Reaktionen gestoßen. Der »alte Adam« und die christlichen Erkenntnisse scheinen beim Verfasser immer wieder miteinander zu kollidieren: das Bedürfnis nach Abgrenzung bis hin zur Ausrottung der »Bösen« mit der Liebe Gottes; Eifer und Erregung mit der Geduld Christi; eigene Anstrengung zur Verbreitung des Glaubens mit dem selbsttätigen Lauf des Wortes Gottes. Die Ambivalenz christlicher Existenz in dieser Welt wird darin deutlich. Es ist der ständige Kampf zwischen dem, was wir glauben und dem, was uns anficht; zwischen dem, was wir als Kern der christlichen Botschaft erkannt haben und dem, was doch immer wieder unser Denken und Handeln bestimmt. Seinen stärksten Ausdruck findet diese Erkenntnis in dem Satz des Paulus aus dem Römerbrief: »Das Gute, das ich will, das tue ich nicht; sondern das Böse, das ich nicht will, das tue ich.« (Römer 7, 19)
Sich immer wieder der Liebe Gottes und der Geduld Christi versichern zu lassen, ist der einzige Weg, in dieser Welt neue Maßstäbe zu setzen und christliches Leben in aller Bruchstückhaftigkeit zu leben.

Predigtidee

Ich möchte der Dynamik des Predigttextes folgen und die Widersprüche christlicher Existenz aufzeigen, die nur in der immer wieder erneuten Bitte um die Liebe Gottes und die Geduld Christi aufgehoben sind.

Predigtthema

Christinnen und Christen unterliegen den gleichen psychologischen Mechanismen wie alle Menschen. Nur die Bereitschaft, sich immer wieder von der Liebe Gottes und der Geduld Christi erreichen und steuern zu lassen, gibt uns das Vertrauen und die innere Gelassenheit, die wir zu einem christlichen Leben brauchen.

Vorschläge zur Liturgie

Psalm: Ps 73 (EG) oder Ps 92 (EG)

Lesungen: Mt 5,43–48 (Er lässt seine Sonne aufgehen über Böse und Gute ...); Jes 55,6–11 (Mein Wort kommt nicht leer zu mir zurück ...)

Lieder: EG 552 (Ausgabe Rheinland, Westfalen, Lippe), bes. VV. 2+3 Licht, das in die Welt gekommen; EG 414 Lass mich, o Herr, in allen Dingen; EG 658 (Ausgabe RWL) Lass uns in deinem Namen, Herr; EG 600 (Ausgabe RWL); Meine engen Grenzen; EG 674 (Ausgabe RWL) Damit aus Fremden Freunde werden; EG 669 (Ausgabe RWL) Herr, gib mir Mut zum Brückenbauen

Sündenbekenntnis

Gott,
ich möchte dir vertrauen –
und doch quälen mich Zweifel.
Ich möchte nach deinem Willen leben –
und doch fehlt mir im Alltag die Kraft.
Ich möchte bei dir geborgen sein –

und doch bin ich oft unsicher.
Ich möchte anderen offen begegnen –
und doch urteile ich manchmal hart und unbarmherzig.
Ich möchte für dich werben –
und doch bin ich oft sprachlos und feige.
Das Gute, das ich will, tue ich nicht,
sondern das Böse, das ich nicht will, tue ich.
Hab Erbarmen mit mir!

Gnadenzuspruch

Aber der Herr ist treu; der wird euch stärken und bewahren vor dem Bösen (2 Thess 3, 3).

Kollektengebet

So, wie ich bin, komme ich zu dir.
Alle Widersprüche meines Lebens
liegen offen vor dir.
Lass mich spüren,
dass deine großzügige Liebe mich leben lässt,
dass deine unendliche Geduld mich trägt,
dass dein lebendiges Wort mir Halt gibt und Trost.
Heute und jeden Tag aufs Neue.

Schlussgebet

Mein Gott, von deiner Geduld werde ich getragen –
warum nur fehlt mir die Geduld?
Gott schenke uns von deiner Freundlichkeit
ein Stückchen Großmut,
damit sich unsere Gedanken weiten,
unsere Seelen öffnen
und deines Geistes Gegenwart eindringt
in unsere oft so vernagelten Köpfe.

Mein Gott, aus deiner Liebe lebe ich –
warum nur spürt man es nicht?
Gott, schenke uns von deiner Güte
nur einen freundlichen Blick,

damit wir die Menschen, Freund und Feind,
als deine Geschöpfe ansehen,
damit uns unsere fest zementierten Urteile,
unsere abgestandenen Meinungen,
unsere eingemachten Ansichten
nicht daran hindern
einander anzusehen, aufeinander zuzugehen.

Mein Gott, dein Wort ist lebendig und kraftvoll –
warum nur hört man mein Loblied nicht?
Gott, schenke uns von deiner Heiterkeit
ein kleines Lachen,
damit unsere Verkrampftheit weicht
und unsere Ängste schwinden,
damit wir uns selbst nicht so wichtig
und das Leben nicht so schwer nehmen,
damit wir mit unserem Leben dein Loblied singen.

Mein Gott, schenke uns
nur ein bisschen von deiner Geduld,
ein wenig von deiner Liebe,
etwas von deiner Lebendigkeit
und unsere Herzen und Sinne
werden neu.

Vorschlag zur Predigt

Es empfiehlt sich, den Predigttext zu Beginn ganz vorzulesen und dann noch einmal die einzelnen Verse zu Beginn der Punkte 1–5 zu zitieren.

Möglicher Anfang

Von klein auf lernen wir, was richtig und was falsch ist. Was wir dürfen und was wir nicht dürfen, das sagen uns Mutter oder Vater. Auch was gut ist und böse, lernen wir auf diese Weise. Wir erfahren, welchen Menschen wir vertrauen können und wem wir besser aus dem Weg gehen. Das ist wichtig, denn das gibt uns Sicherheit. So bildet sich einerseits unser Gewissen, ein inneres Radar für Gut und Böse. Andererseits wird die für ein Kind noch so unübersichtliche Welt durch klare Unterscheidungen überschaubar und das Leben weniger gefährlich. Wer nicht an die heiße Herdplatte fasst, wer nicht mit bösen Männern mitgeht, wer nicht das Essen auf der Tischplatte verschmiert, der kann in dieser Welt leben und überleben.

Später sind es die Märchen und Geschichten, die scheiden zwischen den Guten und den Bösen, sind es die Hollywood-Produktionen, die uns lehren, dass die Guten siegen und die Bösen auf der Strecke bleiben. So ist das Leben. Und so soll es sein.

Wir lernen, dass auch Gott unterscheidet zwischen Guten und Bösen, die Bösen werden es schon noch merken – und wir Guten wissen's sowieso. Gut und böse, richtig und falsch, Freund und Feind, Gläubige und Ungläubige, Recht und Unrecht, schwarz und weiß. Ist die Unterscheidung wirklich so einfach?

Später lehrt uns die Erfahrung, dass es im Leben nicht nur schwarz und weiß, sondern auch Grauzonen gibt. Wir erleben, dass es manchmal gar nicht so leicht ist, zwischen richtig und falsch zu unterscheiden. Und wer gut ist und wer böse, ist auch nicht immer eindeutig auszumachen. Wer bin ich selbst? Ein guter oder ein böser Mensch?

Ach, wie war es doch vordem mit Gut und Böse so bequem – die Guten ins Töpfchen, die Schlechten ins Kröpfchen.

So beobachte ich mich dabei, wie ich doch immer wieder die beiden Schubladen öffne und die Welt und die Menschen sortiere in gut und böse, richtig und falsch, Freund und Feind. Warum nur falle ich immer wieder auf das alte Schwarz-Weiß-Schema herein?

Wir Menschen brauchen das wohl. Es scheint in unserer Natur zu liegen. Klare Unterscheidungen geben uns Sicherheit. Sie ermöglichen uns eindeutige Urteile.

Aber warum nur brauchen wir diese Sicherheit? Warum wollen wir über andere urteilen? Es ist wohl unsere eigene Unsicherheit und Angst, die uns dazu treibt.

Wir fühlen uns bedroht durch das, was anders ist, was von der uns bekannten Norm abweicht. Der Andersdenkende, Andersglaubende, Anderslebende verunsichert mich in meinen Überzeugungen und in meiner Existenz.

Zum weiteren Verlauf

An den einzelnen Versen entlang die gedankliche und emotionale Bewegung des Verfassers verfolgen:

1. Der Apostel möchte die Gemeinde auf dem rechten Kurs halten. Sie soll für die Arbeit der Apostel beten, damit das Wort Gottes verbreitet und gepriesen wird. Dabei läuft doch das lebendige und kräftige Wort ganz allein … Seine Wirksamkeit liegt weder in des Apostels noch in unserer Hand. Wir können das Wort nur weitersagen und dafür werben.
2. Jetzt geht es mit dem Apostel durch … Starke Emotionen brechen hervor, wenn um die Erlösung von den »falschen und bösen Menschen« gebetet werden soll. Hart ist das Urteil, das der Apostel fällt. Wer ist mit den »Bösen« gemeint? Sind es die Andersgläubigen, die Ungläubigen? Sind »böse Menschen« so eindeutig auszumachen? – Was wäre, wenn diese Worte ein Muslim sagen würde? Wie würden Sie sie dann verstehen? Als Aufruf zum Terrorismus im Namen Allahs? – Nein, das entspricht nicht dem christlichen Menschenbild, nach dem wir alle Sünder und Gerechte zugleich sind und letztlich alle davon leben, dass Gott in Christus die Macht des Bösen überwunden hat.

Hier wird deutlich, wie gefährlich auch unser Schwarz-Weiß-Denken ist. Und trotzdem kann ich die Erregung des Apostels als menschliche Reaktion nachvollziehen. Wie oft geht es mir so, dass ich mich bedroht fühle, wenn die Moscheegemeinde wächst und wächst, wenn die Moscheebauten wie Pilze aus dem Boden schießen, während Kirchen geschlossen werden müssen, wenn ich miterlebe, wie wir mit unserem Glauben immer mehr in die Minderheit geraten. Wie schnell und undifferenziert bin ich dann mit meinem Urteil über die Anderen!

Oder wie schnell gerate ich in eine Abwehrhaltung, wenn jemand eine andere Meinung vertritt? Ich lasse mich doch nicht verunsichern!

Apropos »Der Glaube ist nicht jedermanns Ding«: Klingt das nicht reichlich überheblich? Ich jedenfalls bin mir meines Glaubens nicht immer uneingeschränkt sicher. Nicht immer ist er so ganz »mein Ding«. Er ist ein Geschenk, um das ich bitten, über das ich aber nicht verfügen kann.

1. Nun besinnt sich der Briefschreiber auf die Treue Gottes, die uns stark macht und bewahrt. Gott ist es, der uns bewahrt! Auf ihn kann ich mich verlassen, er ist meine Stärke.

Das müsste mir doch eigentlich die Angst vor dem/den Bösen und die Unsicherheit vor dem Andersdenkenden nehmen.

2. Jetzt formuliert der Briefschreiber einen ganz und gar »unevangelischen« Gedanken:
Die Gemeinde soll tun, was die apostolische Autorität gebietet. Die Gemeinde soll doch nicht etwa den Aposteln folgen in den »Heiligen Krieg« gegen die Ungläubigen?
3. Gott sei Dank steht am Ende dieser Segenswunsch! Auf die Liebe Gottes und auf die Geduld Christi soll Gott mein Herz ausrichten.
Die Liebe Gottes ... Gilt sie nicht allen Menschen gleichermaßen? Kann ich mich in ihr nicht zusammen mit allen Menschen sicher und geborgen fühlen? Vielleicht kann ich ja sogar, hier und da, etwas von dieser Liebe denen entgegenbringen, die in meinen Augen »falsch und böse« sind.
Die Geduld Christi ... Lebe ich mein unvollkommenes Leben mit all seinen Widersprüchen, mit all seinem Wollen und Nicht-Können nicht nur, weil Christus immer noch unendliche Geduld hat mit mir? Vielleicht kann ich ja, hier und da, etwas von dieser Geduld spüren lassen im Umgang mit denen, die in meinen Augen »falsch und böse« sind.

Möglicher Schluss

Mein Herz braucht eine neue Ausrichtung, will ich nicht immer wieder dem Schwarz-Weiß-Denken anheimfallen.
Mein Herz braucht Sicherheit und Geborgenheit, damit es nicht ängstlich auf andere sieht und harte Urteile über andere fällen muss.
Nicht die Schubladen »gut oder böse«, »richtig oder falsch«, »Freund oder Feind«, sondern Gottes Liebe und Christi Geduld geben uns wirkliche Existenzsicherheit. Wenn ich mir dessen gewiss und meiner selbst sicher sein kann, brauche ich Andere nicht zu fürchten.
Lassen Sie uns Gott immer wieder darum bitten, dass er unsere Herzen darauf ausrichtet – unsere Herzen und nicht nur unseren Verstand! Dann können wir, hier und da, liebevoll umgehen mit uns selbst und mit anderen, geduldig sein mit uns selbst und mit anderen. Hier und da. Schon damit bekommt unser Miteinander ein freundliches Gesicht, schon damit nimmt Gottes lebendiges und kraftvolles Wort auch ohne unser gewaltsames Zutun seinen Lauf.

Maßnahmen

Die Faulen werden geschlachtet
die Welt wird fleißig

Die Hässlichen werden geschlachtet
die Welt wird schön

Die Narren werden geschlachtet
die Welt wird weise

Die Kranken werden geschlachtet
die Welt wird gesund

Die Traurigen werden geschlachtet
die Welt wird lustig

Die Alten werden geschlachtet
die Welt wird jung

Die Feinde werden geschlachtet
die Welt wird freundlich

Die Bösen werden geschlachtet
die Welt wird gut

(Erich Fried, in: ders., Frühe Gedichte. © 1986 Claasen Verlag
in der Ullstein Buchverlage GmbH, Berlin)

Ach, dass ich, wenn's drauf ankommt,
im Gegner den Bruder,
im Störer den Beleber,
im Unangenehmen den Bedürftigen,
im Süchtigen den Sehnsüchtigen,
im Säufer den Beter,
im Prahlhans den einst Gedemütigten,
im heute Feigen den morgen Mutigen,
im Mitläufer den morgen Geopferten,
im Schwarzmaler den Licht- und Farbenhungrigen,
im Gehemmten den heimlich Leidenschaftlichen
erkennen könnte!
Leicht ist das nicht.

Es bräuchte, o Gott, die Gegenwart deines Geistes!
Und wie schaffe ich, der Ängstliche, es,
    im Lauten den Leisetreter,
    im Arroganten den Angsthasen,
    im Behaupter den Ignoranten,
    im Auftrumpfer den Anpassser
zu entlarven?
Auch das, auch das gehört zur Liebe,
    wie Jesus sie lebte.

(Kurt Marti, Wünsche, in: ders., Ungrund Liebe. Klagen, Wünsche, Lieder.
© 2008 Radius-Verlag, Alexanderstr. 162, 70180 Stuttgart, Stuttgart 1989, S. 33)

Tipp zum Text

Noch immer ist die Welt im Harry-Potter-Fieber. Der Kampf zwischen Gut und Böse, Licht und Dunkel ist das immer wieder neu variierte Thema aller 7 Bände. Wer wird siegen? Hier und da leuchtet auf, dass das Böse an der Liebe zerbricht (nicht am Guten!). So rettet die Liebe seiner Eltern Harry Potter vor den Angriffen des dunklen Zauberers. Gegen die Liebe ist der Fluch des Bösen machtlos.
Ist das nicht auch ein zentraler Gedanke der christlichen Botschaft?

Einleitungsteil mit Kindern
5. Sonntag nach Trinitatis

Urd Rust

Leitmotiv: Nachfolge

Psalm: nach Ps 73

Kehrvers: Ich will den Herrn loben allezeit (EG 335), ohne Wiederholung
Alles in mir will Gott loben,
damit es alle erfahren,
die elend sind.
Sie sollen sich freuen!

Kehrvers: Ich will den Herrn loben allezeit (EG 335)
Macht alle mit!
Lobt und preist Gott,
singt seinen Namen!
Miteinander wollen wir uns freuen.

Kehrvers: Ich will den Herrn loben allezeit (EG 335)
Als es mir elend war,
als ich nach Gott rief,
da war er bei mir in der Angst.
Und Gott hat geholfen.

Kehrvers: Ich will den Herrn loben allezeit (EG 335)
Wir wollen auf Gott schauen!
Wir wollen vertrauen und uns freuen.
Dann werden wir strahlen in Gottes Licht.
Dann wird es ein großes Fest für uns sein.

Kehrvers: Ich will den Herrn loben allezeit (EG 335)
Lesung: Lukas 5,1–11 der Fischzug des Petrus z. B. aus der Gütersloher Erzählbibel, Seite 272f.

Lied: Jesus, der zu den Fischern lief (Das Kindergesangbuch, Claudius, 54)

Besondere Aktion

Fisch-Aufkleber
Ein mit Fischmotiv bedruckter Bogen aus etwas stärkerem Papier wird in kleine Kärtchen zerschnitten. Die Rückseiten mit Doppelklebeband-Stücken versehen. Die Fischaufkleber können kurz bemalt werden. Auf jeden Fall dienen sie als »Nachfolge-Abzeichen« für alle am Gottesdienst Teilnehmenden.

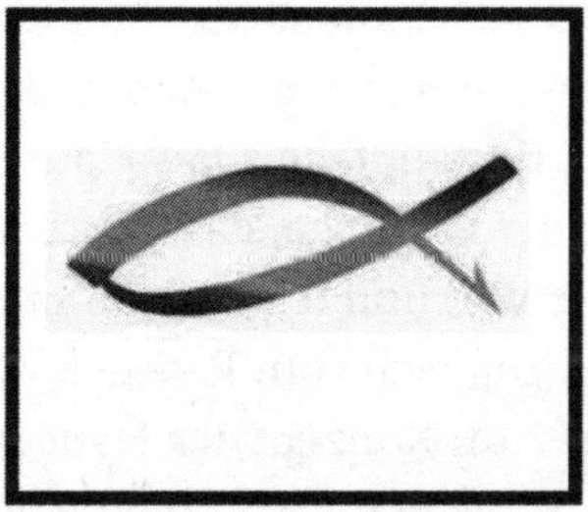

6. Sonntag nach Trinitatis

Der 1. Brief des Petrus 2,1–10

Karin Lehmeier

Exegetisch-homiletische Skizze

Der Predigttext besteht aus 2 Teilen. 1 Petr 2,1–3 schließt den ersten Teil des gesamten Briefes ab. Christinnen und Christen in Kleinasien (1,1) begreifen ihre Existenz in der Welt als Leben in der Fremde (1,17). Das neue Leben, das von Gott kommt, bringt es mit sich, dass menschenfeindliche Verhaltensweisen, die vielleicht ehemals normal oder üblich waren, abgelegt werden (2,1–3). Die Verse 4–10 bilden eine Einheit. Zwei Themen, die beide an die Metaphorik des Bauens aus Steinen anknüpfen, sind hier ineinander verwoben. Zum einen der Gedanke, dass alle, die der Brief anspricht (»ihr«, 2,2.5.7.9), Bestandteile eines Hauses sind, das sich im Bau befindet. Zum anderen der Gedanke, dass Christus als Eckstein, also als besonderer, kennzeichnender und tragender Stein, Teil des Hauses ist. Er ist erwählt von Gott und zugleich vom Rest der Welt verworfen.

Beide Gedanken passen zum Konzept des Hauses in der Antike, das viel weniger als in unserer Sprache gedacht wurde als Gebäude, sondern in erster Linie als Gemeinschaft, als Gruppe, als erweiterte Familie. Die Vorstellung, dass die Gemeinde eine besondere Gemeinschaft bildet, drückt sich im Bild von der heiligen Priesterschaft aus (V. 5). Der Gedanke des Opfers bindet den Abschnitt an das Thema des Briefes insgesamt. Die Gemeinde ist von außen bedroht (4,12) und muss viel erdulden, um in der Situation der Bedrohung durch die Römer zu bestehen. Sie bildet eine Gemeinschaft mit festem Zusammenhalt. Hier schließt 2,9–10 an. Auserwählt sind sie, ein heiliges Volk, Volk Gottes, das der Welt die Taten Gottes verkünden soll.

Die christliche Gemeinde orientiert sich in ihrer Situation am Vorbild Christi. Wie die Bedrohung von außen als Teilhabe am Leid Christi gedeutet wird (2,21), wird in 2,4–8 die Tatsache, dass Christus von der Welt verworfen wurde (2,7–8), als Orientierung für die Gemeinde gedeutet. Wie Christus als von den Menschen verworfener Stein durch Gott erwählt wurde (2,4), so trifft das auch auf die Gemeinde zu (2,5). VV 4–5 bilden den Kern des Textes, der durch die Zitate aus dem Ersten Testament in 6–8 entfaltet wird. Das Haus wird von Gottes Geist getragen und gehalten, Gott selbst baut das Haus. Christus ist der Kristallisationspunkt dieses Hauses von Christinnen und Christen (4,16). Das Besondere gegenüber anderen Gebäuden, die aus totem Stein gebaut sind, besteht darin, dass die Steine lebendig sind, Christus und alle anderen, die von Gott in das Haus eingebaut worden sind und noch eingebaut werden. Das Passiv drückt aus, dass der Prozess des Bauens nicht zu Ende ist. Das neue Leben der Christinnen und Christen hat bereits begonnen (1,3; 1,23) und ist im Wachstum begriffen (2,1–3). Hier knüpft 2,4–10 thematisch an 2,1–3 an.

Predigtidee

Wir sind die lebendigen Steine in Gottes Haus. Alle, die wir getauft sind, sind von Gott wie lebendige Steine zu einem Haus gebaut, das von der Geistkraft Gottes durchdrungen wird.
Als Christinnen und Christen gehören wir zu Christus. Christus begründet und trägt das Haus. Wenn wir das neue Leben, das Gott in Christus geschenkt hat, in diesem Haus zeigen und verkörpern wollen, müssen wir damit leben, dass es sich ändert und so stets vorläufig bleibt.

Predigtthema

Die Gemeinde der Getauften ist das Haus, das Gott baut.
Die Steine machen das Haus zum Haus, dennoch gleicht dieses Haus anderen Häusern nicht, denn die Steine sind lebendig. Sie machen das Haus zum »Änderhaus«. Das Änderhaus ist nie fertig. Es ist offen für Neues, bleibt aber in seiner Eigenart erkennbar
Diese Idee kann an unterschiedliche Kontexte anknüpfen (s.u. Kontexte).

Vorschläge für die Liturgie

Votum

Wir feiern Gottesdienst
Gott baut unser Haus
An Jesus Christus erkennen wir unsere Gemeinde
Gottes Geist hält sie zusammen
Wir feiern Gottesdienst
Im Namen Gottes
Im Namen Jesu Christi
Im Namen der Heiligen Kraft des Geistes Gottes

Psalm: Ps 118 (EG), denn er wird in 1 Petr 2,7 zitiert und trägt die hoffnungsvolle, zukunftsorientierte Stimmung des Predigttextes in sich. Möglich ist auch der für den Sonntag vorgeschlagene Ps 139 (EG), der aber thematisch nicht so gut zum Text passt.

Zum Kyrie

(Vorschlag für den Schwerpunkt »Bauen«)
Meditation
Pläne. Ich plane. Manchmal geht mein Plan auf. Mein Bauplan. Mein Tagesplan. Mein Lebensplan. Etwas wächst. Reift heran, blüht und gedeiht. Pläne.
Wir planen. Unser Plan gelingt. In unserer Gemeinde. Wir bauen etwas Neues auf. Ein neuer Raum, Platz für Menschen. Ein Ort zum Nachdenken. Zum Feiern. Manchmal.
Manchmal: Verplant. Planlos. Ungeplant. Etwas geschieht. Bricht herein. Macht alle Pläne zunichte. Leer. Leer fühle ich mich und hilflos. Verantwortlich. Ich hatte Verantwortung. Ich habe versagt. Unsere Pläne waren nicht gut genug. Wir haben es nicht geschafft.
DU. DU, Gott. DU, Gott, bist da. DU allein schaffst Neues. Wirklich Neues. Mein Tun. Unser Lassen, Planen und Bauen. Immer nur vorläufig. Lass mich, lass uns alle das nie vergessen.
Erbarme DICH!

Zum Gloria

Gott spricht: »Siehe, ich mache Neues, jetzt sprießt es auf, erkennt ihr es nicht? Ja, ich mache in der Wüste einen Weg, in der Einöde Wasserströme.« (Jes 43,19 Übers.: Bibel in gerechter Sprache)

Kollektengebet

Wir haben uns versammelt, Gott. Menschen. Alle verschieden. Jede und jeder anders. Große und kleine, alte und junge, Männer, Frauen, fröhliche und traurige. DEINE Gemeinde.
DEIN Geschenk für uns nehmen wir an. Eine seltsame Sammlung. Gesammelte Geschichten, Lieder, Gedichte, Mahnungen, Briefe, Verheißungen. DEIN Wort, Gott, DEIN Wort für uns.
Segne, Gott, wenn jeder, wenn jede sich sammelt, um zu hören. Lass DEIN Wort sprechen. Für jeden und jede hier. Heute und für die Tage, die kommen.

Lieder

Eingangslied: EG 134 oder »Gottes Geist befreit zum Leben« (in: Singen von Deiner Gerechtigkeit. Das Gesangbuch in gerechter Sprache, hg. v. E. Domay; B. Jungcurt u. H. Köhler, Gütersloh 2005, Nr. 37)
Lied vor der Predigt: Tauferinnerung: EG 200 (Hessen und Nassau), insbesondere mit der Lesung Jes 43. Alternativ z. B. EG 621 oder 607 (Hessen und Nassau).
Lied nach der Predigt: Gott baut ein Haus, das lebt (in: Das Kindergesangbuch hg. v. A. Ebert u. a., München 1998, Nr. 71). Alternativ: Meine Hoffnung und meine Freude (J. Berthier, Taizé 1989 z. B. in: gemeinsam unterwegs. Lieder und Texte zur Ökumene (Kirchentagsliederheft 2003), Nr. 117)
Lied am Schluss: »Komm, bau ein Haus« (EG 589; Hessen und Nassau)
Lesungen: Je nach gottesdienstlichem Schwerpunkt, z. B Tauferinnerung Mt 28,16–10 oder Jes 43, 1–7. Der Schwerpunkt »Bau«/ »Gebäude« könnte den Bezug auf den Turmbau zu Babel nahelegen (1 Mose 11,1–9), aber auch Röm 12,3–8 (viele Gaben, aber ein Geist). Für den Predigttext empfehle ich die Übersetzung der Bibel in gerechter Sprache, da die Übersetzung den Focus auf das Predigtthema legt.
Fürbitten: Zwei Vorschläge je nach Schwerpunkt des Gottesdienstes. U. Gothmann-Kollath/C. Kollath, Gott, ich danke dir, in: der gottesdienst. Liturgische Texte in gerechter Sprache Bd. 1 Der Gottesdienst., hg. v. E. Domay und H. Köhler, S. 579 (Tauferinnerung). Im gleichen Band in Erinne-

rung an Christian Zippert ders., Wir besinnen uns auf unsere Verantwortung, S: 596 (Rückgriff auf das Thema Verantwortung u. evtl. auf Röm 12).

Vorschlag zur Predigt

Der Vorschlag zur Predigt bezieht sich auf die Variante Tauferinnerung. Im Kontext Bau könnte auch mit der Passage aus der »unendlichen Geschichte« begonnen werden.

Möglicher Anfang

Gibt es lebendige Steine? Nichts ist toter als ein Stein. Ein Stein ist kalt, unbeweglich und verändert sich kaum. Menschen verwenden Steine, wenn eine Sache besonders haltbar und unveränderlich sein soll. Grabsteine zum Beispiel. Auch vor Jesu Grab hatte man einen großen Stein gerollt. Oder Pflastersteine. Alte Steine erzählen Geschichten aus längst vergangener Zeit. In übertragenem Sinn spricht man davon, dass jemand ein Herz aus Stein hat, sich nicht bewegen lässt von seinen Mitmenschen. Umgekehrt sagt man auch, ein Mensch weine zum Steinerweichen. Einen größeren Gegensatz als einen weichen Stein können wir uns kaum vorstellen. Dennoch gibt es weiche Steine. Aber lebendige?

Manchmal ist es nötig, in Gegensätzen zu sprechen, damit man eine Sache ausdrücken kann. Wer verliebt ist, zum Beispiel, oder schon mal verliebt war, weiß, dass es wunderschön ist und zugleich auch schmerzhaft. Beides stimmt. So ähnlich ist das auch mit den lebendigen Steinen. Aus lebendigen Steinen baut Gott sein Haus, sagt der Text. Ein Haus bietet Schutz und Geborgenheit. Nach außen soll es groß dastehen und fest. Ein Haus gibt auch Orientierung. So wie unsere Gotteshäuser, unsere Kirchen. Weit ist der Turm zu sehen und weit sind die Glocken zu hören. Aber das Haus, das Gott baut, ist anders. Gottes Geist ist die Kraft, die es zusammenhält. Deshalb kann es aus lebendigen Steinen gebaut sein, die sich bewegen und verändern.

Zum weiteren Verlauf

Stichworte:

Lebendige Steine haben ein besonderes Leben von Gott.

Gott hat Christus zu neuem Leben auferweckt.
Auch für Christus gelten Gegensätze: Herr und Knecht zugleich, ein Gehängter als Gottes Auserwählter. Den kleinen Stein, der menschlichen Bauleuten zu nichts nütze scheint, erwählt Gott.
Alle Getauften haben Anteil an dem neuen Leben von Gott und an der Erwählung.
Alle Getauften sollen ein Teil sein von Gottes Haus.
Getaufte Menschen dürfen als die kommen, die sie sind. Wie Christus von der Welt verworfen wurde, darf man auch unansehnliche Seiten haben.
Die Steine, aus denen Gott ein Haus baut, müssen nicht schön sein.
Sie dürfen sich verändern und lebendig sein.
Jeder Stein ist anders.
Sie passen sich einander an und stützen einander.
Sie bilden eine Gemeinschaft, ein Ganzes. Aber:
Sie müssen darauf gefasst sein, dass Gott das Haus verändert.
Nichts muss so bleiben, wie es ist.
Weil es so lebendig ist, gibt das Haus Gottes Orientierung und kann in die Welt hinein sichtbar sein.
Es ist wie ein »Änderhaus« (s. u. unendliche Geschichte)

Möglicher Schluss

»Zum Änderhaus« weist eine geschnitzte Hand Bastian auf seinen Weg. Es ist ein anziehender Weg, ein Weg, der ihn froh macht. Das Haus, das er sieht, ist nicht besonders schön, aber es beeindruckt ihn durch seine seltsamen Formen. Und dadurch, dass es sich eben unentwegt ändert. Dennoch kann Bastian sich in diesem Haus geborgen fühlen. Vielleicht kann Bastian sich gerade deswegen in diesem Haus geborgen fühlen. Manchmal gibt das Haus ihm Anregungen, Impulse durch seine Veränderung. Es atmet Leben und Lebendigkeit.
Was mir in dieser Geschichte aber fehlt, sind die Menschen. Das Haus Gottes ist ein Änderhaus, das aus Menschen besteht. Ein Haus von Gott mit Menschen und für Menschen. Es lebt davon, dass Menschen neu hinzukommen und sich einbauen lassen. Es lebt, weil Menschen dort leben. Wenn Gott baut, dann ist es gehalten von Gottes Geist. Und weil Christus der wichtigste Stein ist, trägt das Haus unverkennbar sein Zeichen, seine Initialen.

Ich wünsche mir, dass unsere Gemeinde so ein Haus ist. Ein Haus, das Geborgenheit und Schutz bietet, Orientierung und Standfestigkeit. Aber dennoch ein Haus, das voller Lebendigkeit ist, weil es aus Menschen besteht und nicht aus toten Steinen. Ein Haus, das die Gegensätze vereint. Gottes Haus.
Gibt es lebendige Steine? Wenn Gott das Leben schenkt, können auch Steine lebendig werden. So sind unsere Kirchenräume dann lebendig, wenn Gottes Geist darin wirkt und die Menschen, wir, uns entzünden lassen vom neuen Leben aus Gott.

Gestaltungsidee, Symbole, Aktionen

Im Kontext der Tauferinnerung bietet es sich an, zu Beginn des Gottesdienstes einen Korb mit Steinen anzubieten, aus dem alle sich einen Stein aussuchen dürfen. Diese Steine könnten dann im Verlauf des Gottesdienstes in ein Haus eingelegt werden, das entweder schon steht (Puppenhaus, Regal mit »Dach«), oder aus Backsteinen und Brettern im Verlauf errichtet werden kann. Aufwändiger ist eine Aktion mit Ytong-Steinen, die z. B. von KonfirmandInnen behauen, bemalt oder anders gestaltet werden und dann zu einer Wand aufgerichtet werden.
Im Kontext des Baus könnten Sie überlegen, ob Sie Ihre im Umbau befindliche Kirche von außen oder auch im Innenraum (soweit die Sicherheit das zulässt) zum Gottesdienstraum oder Gottesdienstambiente machen. Die Idee stammt aus dem Bereich des Fundraising. Ein Festessen in einer eingrüsteten Kirche wurde da zur Einkunftsquelle für die Renovierung. Ähnlich kann eine eingerüstete Kirche zum Mittelpunkt der Gemeindeaufmerksamkeit werden. Möglich ist ein Wortspiel (»sind wir gerüstet?« z. B. für Veränderung).

Kontexte

Die Predigttexte des 6. Sonntags nach Trinitatis orientieren sich am großen Thema »Taufe«. Dieser Sonntag könnte also für einen Tauferinnerungsgottesdienst in Frage kommen oder für einen Gottesdienst mit Konfirmandinnen und Konfirmanden. Ebenso bietet es sich an, das Thema »Bauen« einmal im Gottesdienst zum Thema zu machen. Viele Gemeinden sind immer wieder über lange

Zeiten mit Renovierung, Bau oder Umbau beschäftigt. Die Predigtidee kann an eine solche Situation anknüpfen. Möglich ist etwa eine Aussage, die das Bauen als Ausdruck der Lebendigkeit von Gemeinde versteht, zugleich aber betont, dass es die Lebendigkeit und der Geist Jesu in den Menschen der Gemeinde ist, der das Haus Jesu Christi baut. Für beide Kontexte eignet sich die folgende Passage aus der »unendlichen Geschichte« von Michael Ende:
Michael Ende, Die unendliche Geschichte, Stuttgart 1979, benutzte Ausgabe: Deutscher Taschenbuchverlag, München 1987, S. 435:
»Während Bastian auf das Haus zuging [...] Jetzt war ihm klar, warum dieses Haus den Namen ›Änderhaus‹ trug.«

Der größere Atem, in: Karner, Peter, Bei wem lassen Sie sündigen ... und andere religiöse Fragen, Salzburg Wien 1997, 76f.
In dieser kurzen Besinnung geht es um den Bau des Wiener Stephansdomes. Alle am Bau Beteiligten müssen in verschiedenen Phasen des Baus damit leben, dass sie das Endprodukt ihres Planens und Bauens nicht erleben werden. Wer den größeren Atem hat und nicht mit Gewalt ein Ziel erreichen will, bringt die Welt ein Stück voran.
»Wen hat der Wiener Stephansdom noch nicht fasziniert?
Aber noch mehr beeindrucken die Menschen, die sich vor Jahrhunderten entschlossen haben, dieses große Haus zu bauen. Der Bauherr, ein Erzherzog, entschließt sich, eine Kirche zu bauen, die er nie fertig sehen wird. Und trotzdem will er sie bauen. Und dann wird es 300 Jahre dauern. Und unserer Generation geht schon nach 20 Jahren AKH die Luft aus.
Die Künstler und Arbeiter – sie arbeiten an einem Projekt, das sie nicht vollenden werden. Sie werden sterben, und diese Kirche wird immer noch eine Baustelle sein. Und trotzdem – sie haben Freude an ihrer Arbeit.
Die Zeitgenossen, die Zuschauer – man verspricht ihnen eine Kirche, in die sie nie gehen werden. Glauben sie an dieses Wunderwerk? Freuen sie sich auf diese Kirche über den Tod hinaus? Oder meinen sie längst zu wissen »Das wird nie fertig! Ihr werd's es schon sehen«. Und das Teuflische dabei ist: Das werden sie wirklich sehen, werden sie doch ein Leben lang an einer Baustelle vorbeigehen.
Und darum ist der Stephansdom ein steinernes Gleichnis für den großen, den längeren Atem. Die Botschaft des Domes: Es geht nicht alles auf einmal. Finde deinen Anteil an deinem Werk, das in jeder Hinsicht über dich hinausreicht. Befreie dich von der Illusion, dass alles sofort gehen müsste. Und wenn man nicht alles sofort durchsetzen kann, dann lässt man es eben oder erzwingt es. Man unterschätze nicht die Gewalttätigkeit, die in den Herzen der Idealisten lauert.
Wahrscheinlich wird die jetzige Generation nicht den ungeteilten Weltfrieden erleben. Aber trotzdem ist es wohl ihre Aufgabe, die Grundlagen für den Weltfrieden zu schaffen. Wahrscheinlich wird die jetzige Generation nicht die völlig saubere Umwelt erleben. Aber sie muss wohl die Voraussetzungen dafür entwickeln und erkämpfen.
Wahrscheinlich wird die jetzige Generation noch nicht das Ende des Hungers erleben. Aber gerade sie muss wohl an einem neuen Wirtschaftssystem jenseits der alten Ideologien arbeiten. Wahrscheinlich wird die jetzige Generation noch nicht das Ende jedes Rassismus erleben, trotzdem muss gerade sie den politischen Neubau der Welt angehen.

Wahrscheinlich wird die jetzige Generation noch nicht die vollendete Ökumene erleben, aber gerade deshalb muss sie sich weiter mit den unbiblischen Konkretionen aller Kirchen auseinandersetzen.
Wer den größeren Atem hat, wird diese Welt bestimmt ein wesentliches Stück weiterbringen, die ideologischen Hektiker haben ihr höchstens ›die Haxen ausgerissen‹.«
Peter Karner, Bei wem lassen Sie sündigen – und andere religiöse Fragen, Salzburg Wien 1997, S. 79–80.

7. Sonntag nach Trinitatis
Das 2. Buch Mose 16,2-3.11-18

Wilfried Lenzen

Exegetisch-homiletische Skizze

In der ausgehenden Exilzeit ermutigt die Priesterschrift mit der Erzählung vom Mannawunder die zweifelnde Gemeinde, sich der Fürsorge Gottes anzuvertrauen. Gott hat sein Volk nicht nur aus der Knechtschaft Ägyptens geführt und ihm das gelobte Land verheißen, sondern ist auch in der Wüstennot für es da und gibt den Seinen das, was sie zum Weitergehen brauchen. Auf die Rebellion des Volkes gegen Moses und Aaron – letztlich auf den Zweifel an Gottes Führung – antwortet Gott nicht wie nach dem Bundesschluss mit Strafe. Vielmehr füllt er auf wundersame Weise den Murrenden den knurrenden Magen. Dabei besteht das Wunder kaum in der magischen Vorstellung von übernatürlichen Geschehnissen. Das Wunder geschieht im Alltäglichen. Die meisten Ausleger folgen einer natürlichen Erklärung: Das Weiße und Knusprige, das wie Tau und Reif am Morgen auf dem Boden liegt, ist der überschüssige Pflanzensaft, den Schildläuse aus den Zweigen eines Baumes, der Mann-Tamariske saugen und in Gestalt von Tropfen absondern. Diese verhärten zu Kügelchen und fallen zu Boden. Die Wachteln, die bis heutzutage auf ihren Zügen die Wüste überqueren, kommen am Abend und »bedecken das Lager«. Man kann die durch den Flug erschöpften Vögel mit der bloßen Hand fangen. »Man-hu – Was ist das?«, fragen die Israeliten. Das dankbare Staunen angesichts der unerwarteten Rettung wird mit der Gabe des Mannas im Wortspiel verbunden. Das Wunder besteht auch in der Einsicht der Israeliten: Das Wenige, was die Wüste zu bieten hat, ist genug. Es wird der glaubenden Gemeinde »zum Brot, das euch der Herr zu essen gegeben hat«, »zum Himmelsbrot«(Ps 105,40). Das Überleben wird zur geistlichen Erfahrung. Die Mannageschichte gehört wohl zu den Ursprungsgeschichten menschlicher Existenz und Glaubensgeschichte. In der Krise, in der Ungewissheit, im Wagnis begegnet existenzielle, göttliche Wahrheit über das, was menschliches Leben ausmacht: Wir leben von Gaben, die uns geschenkt sind. »Was hast du, was du nicht empfangen hast?« (1 Kor 4,7). »All Morgen neu« empfangen wir durch Gottes Treue und Gnade »unser täglich Brot« und alles, was wir zum Leben brauchen. Leben findet in der Gegenwart statt, im Hier und Jetzt. Da helfen weder der Blick zurück auf die sprichwörtlichen »Fleischtöpfe Ägyptens«, noch der vorschnelle Zugriff auf ein gelobtes Land, in dem Milch und Honig fließen. Damit wird die Erzählung vom Mannawunder selbst zur geistlichen Nahrung – zur Kraft, die stärkt, den eigenen Weg weiterzugehen: Schritt für Schritt gehen wir durch unsere Tage, und »es ist genug, dass jeder Tag seine eigene Plage hat«. (Mt 6,34). In der Wüstenerfahrung zeigt sich schließlich in eschatologischer Perspektive, was *Schalom* meint: Nach göttlichem Willen bekommen alle so viel, wie sie brauchen. Das, was sie haben, ist für alle da. (Apg 2,44). Auch kein Sammeln und Horten kann unserem Leben eine Spanne hinzufügen (Mt 6,27). In der Feier des Abendmahls »sieht und schmeckt« die christliche Gemeinde das göttliche Geheimnis der Gegenwart dessen, der selber Geber und Gabe zugleich ist: Brot des Lebens für dich gegeben!

Predigtidee

Achtsam wahrnehmen, was Gott uns gibt! Das »tägliche Brot« dankbar annehmen! Wenig ist genug und oft mehr, als wir ahnen. Sich seiner Kraft und seiner Ressourcen im Hier und Jetzt vergewissern! Wieder Mut fassen, etwas durchzustehen!

Predigtthema

Im Vertrauen auf Gott die gegebene Lebenszeit im Hier und Jetzt bestehen.

Gebet zum Eingang

Tag für Tag trägst du die Welt und nährst sie.
Und tiefer, als wir wagen, uns vorzustellen,
bist du zugegen, wohin wir auch gehen.
Wir danken dir für deine Gegenwart,
die so verlässlich und treu ist.
Wir glauben an ein Leben aus dir,
so wie wir leben vom Brot
und wie wir hungern und dürsten
nach Frieden und Gerechtigkeit.

nach: Huub Osterhuis, Ganz nah ist dein Wort, 11. geänderte Auflage, Wien 1979, S. 29

Psalm: Ps 107,1–9
oder:

Danket dem Herrn, denn er ist freundlich, und seine Güte währet ewiglich.

Habt ihr schon vergessen die Tage der Not, als der Hunger dem Freund den Freund fraß und der Mutter das Kind?

Habt ihr vergessen, wie klein dann auf einmal die Welt ist, wie sie zusammenschrumpft auf eine Scheibe Brot oder einen Teller Reis?

Habt ihr vergessen, was für ein Erlebnis das war, sich satt zu essen – wie schnell ist das wieder selbstverständlich geworden – scheinbar.

Danket dem Herrn, denn er ist freundlich, und seine Güte währet ewiglich.

Sagt Dank für die Freiheit von der Sorge: Was werden wir essen, womit sollen wir uns kleiden?

Sagt Dank dafür, dass ihr am Geschick anderer teilnehmen könnt, für die Fähigkeit zum Mitleid und die Kraft zu helfen.

Sagt Dank für die Erfahrung, dass ihr nicht vom Brot allein lebt, dass Gott eurem Dasein Sinn und Ziel gibt.

Danket dem Herrn, denn er ist freundlich, und seine Güte währet ewiglich.

Aus: Klaus von Mering: Deine Güte reicht so weit der Himmel ist – Mit Psalmen beten. Quell Verlag, Stuttgart 1989

Kyrie

Immer meinen wir, es fehle uns etwas, nie haben wir genug. Wir haben verlernt, achtsam zu sein auf das, was du uns täglich schenkst. Unfähig sind wir, unseren Lebenshunger und den Hunger der Welt zu stillen. Darum rufen wir zu dir: Kyrie eleison! Herr, erbarme dich unser!

Gloria

Du gibst uns täglich neu, was wir zum Leben brauchen, du tust deine Hand auf und sättigst alles, was da lebt, mit Wohlgefallen! Lass uns dankbar einstimmen in das Lob deiner Barmherzigkeit: »Nun preiset alle Gottes Barmherzigkeit ...« (EG 502,1)

Lesungen: Joh 6,1–15 oder 6,(26–)30–35 oder Mt 6,25 – 34; Apg 2,41a.42–47

Schlussgebet

Du, Gott, gibst uns, was wir zum Leben brauchen. Wenn unser Weg in die Wüste führt, wenn uns die Kraft verlässt, wenn wir nicht wissen, wohin wir gehen sollen, dann erhältst du uns auf wunderbare Weise und richtest uns wieder auf.
Im Vertrauen auf deine Fürsorge beten wir zu dir:

- Für alle, dass sie ihr Brot miteinander teilen und dass die Menschen auf der Welt satt werden: dass die Wohlhabenden nicht mehr sammeln, als sie brauchen, und die Elenden so viel haben, wie sie brauchen. Lasst uns rufen: Herr, erbarme dich!
- Für alle, die Hunger leiden an ihrer Seele, dass sie sich nicht trösten müssen mit weltlichen Gütern, sondern dass sie Liebe und Anerkennung erfahren. Lasst uns rufen: ...
- Für die Menschen, die nach uns kommen, für unsere Kinder und Enkel, dass wir ihnen eine Erde hinterlassen, die ihnen Brot und Wasser spendet und nicht Steine und Trockenheit, Frieden und nicht Krieg, Liebe und nicht Zwietracht. Lasst uns rufen: ...
- Für uns selbst, die wir lebenshungrig und ständig Suchende sind. Lass uns finden und achten, was du für uns bereithältst. Gib uns das Manna, das wir brauchen, mit dem wir uns wieder neu auf den Weg machen können. Lasst uns rufen: ...

Du Leben spendender Gott, du lässt die Deinen nicht im Stich. Dafür loben und preisen wir dich, unseren himmlischen Vater, der du mit dem Sohn und dem Heiligen Geist lebst und regierst jetzt und allezeit. Amen.

Liedvorschläge

EG 440 All Morgen ist ganz frisch und neu des Herren Gnad und große Treu
EG 456 Vom Aufgang der Sonne bis zu ihrem Niedergang (Ps 113,3)
EG 326 Sei Lob und Ehr dem höchsten Gut, ... dem Gott, der alle Wunder tut
(bes. Vers 3: Was unser Gott geschaffen hat, das will er auch erhalten ...)
EG 502, 4 Er gibet Speise reichlich und überall – Liedvers vor der Predigt
EG 302 (bes. Vers 5: Er weiß viel tausend Weisen zu retten aus dem Tod, / ernährt und gibet Speisen / zur Zeit der Hungersnot, ...)
EG 395 Vertraut den neuen Wegen
EG 171 Bewahre uns Gott, ... sei Quelle und Brot in Wüstennot
LEG 585: Ich lobe meinen Gott, der aus der Tiefe mich holt

Vorschlag zur Predigt

Möglicher Anfang

Sie haben schon einiges geschafft. Aus der Knechtschaft Ägyptens haben sie sich aufgemacht – raus aus der Sklaverei! Ihren Peinigern und Verfolgern sind sie bei der Flucht durch das Rote Meer entkommen. Sie sind auf dem Weg ins gelobte Land. Aber dieser Weg führt sie durch die Wüste. Das dauert lange. Das zehrt an ihnen. Ihre Lebensmittel, buchstäblich die Mittel zum Leben, gehen zur Neige. Es fehlt »das tägliche Brot«. Jetzt – gleichsam auf halber Strecke – verlassen sie Kraft und Mut. Wie werden sie bestehen? Ja, wie kommen wir weiter auf unserem Lebensweg?

Zum weiteren Verlauf

- »Murren« allein hilft nicht. Zwar gilt: »Freiheit ist gut – aber man kann sie nicht essen!«, wie ein russisches Sprichwort sagt. Oder: »Erst kommt das Fressen, dann die Moral!«, wie Bert Brecht zeitübergreifend treffend formuliert hat. Ideale, Ziele, menschliche Werte verlieren schnell ihre Bedeutung, wenn Menschen am Hungertuch nagen, um ihre Existenz bangen. Auch führt Unzufriedenheit zur Wut auf andere. »*Ihr* seid schuld. *Ihr* habt uns in die Wüste geführt, dass *ihr* die ganze Gemeinde an Hunger sterben lasst!« *Ihr,* das sind Mose, Aaron oder wie immer die politisch Verantwortlichen heißen mögen!

- Sklaverei und Diktatur geben selbst im Untergang noch Sicherheit: »Wollte Gott, wir wären in Ägypten gestorben, als wir bei den Fleischtöpfen saßen und Brot die Fülle hatten!« Aber der Blick zurück führt zum Selbstbetrug nach dem Motto: »Früher war alles besser!« Die deutsche Geschichte bietet Beispiele ... Ja, habt ihr denn vergessen, welchen Zeiten ihr entronnen seid! Jedes Stück neues, befreites Leben, auch im privaten Bereich will erkämpft werden. Welchen Preis bin ich bereit zu zahlen?
- Die Wendung, die Rettung kommt *über* Nacht – auf wundervolle Weise. Sie schickt der Himmel. »Man-hu – was ist das?« – »Brot, das euch Gott, der Herr, vom Himmel zu essen gibt!« Staunen macht sich breit. Die Rettung wird zur geistlichen Erfahrung. Wer Notzeiten und Hunger erlebt hat, weiß, wie wunderbar ein Stück Brot ist, was für ein Geschenk des Himmels es ist. Wer längere Zeit krank war und zum Beispiel nach einer Operation nicht essen konnte, weiß, wie die erste Suppe schmeckt. Der, dem unerwartet das Leben wieder neu geschenkt wird, weiß das Licht des Tages und die Hand eines anderen Menschen zu schätzen. »Brot des Himmels« ist glaubende Überzeugung derer, die gerettet wurden. Dankbarkeit und neue Ehrfurcht sind die Antwort: »Danket dem Herrn, ...!« – Neues Vertrauen wächst: »Was unser Gott geschaffen hat, das will er auch erhalten...« hat Johann Jakob Schütz im Jahr 1675 gedichtet.
- Die Rettung besteht in anderen Dingen als erwartet. Es sind nicht die ersehnten Fleischtöpfe Ägyptens und nicht Milch und Honig im gelobten Land. Es sind die einfachen und nächstliegenden Dinge, die selbst eine Wüste zu bieten hat. Erst die Bereitschaft diese wahrzunehmen, sich die Augen zu reiben und am Morgen um das eigene Lager herum zu sammeln, vor der eignen Haustür ... bringt die Lebensgeister zurück. Da wird das Wenige zum Reichtum.
- Der Amerikaner Don J. Snyder beschreibt in seinem autobiographischen Buch »Der Gratwanderer« seine Krise in den mittleren Lebensjahren. Sein Lebensentwurf zerbricht, als er unerwartet seine Professur

an der Universität verliert; etwas, das er sich nie hatte vorstellen können. In der Lebensmitte ist er arbeitslos. Als Vater von drei Kindern muss er seine Familie durchbringen. Er erlebt den sozialen Abstieg und den Verlust seines Selbstwertgefühls. Am Ende des Klagens und der Depression findet er einen Job als Zimmermann und Anstreicher. Das ist wenig. Allmählich aber findet er sich in dieser Arbeit und gewinnt Freude daran und neue Freunde. Er entdeckt seine Familie neu. Er lernt für sich und lehrt es seine Kinder: Das Wenige, das sie haben, zu teilen und so Lebensfreude wieder zu gewinnen! Und schließlich findet er sich selbst wieder: zufrieden, dankbar und glücklich. Im letzten Kapitel erzählt er von einer Zugreise mit seiner Frau, von der sie schon lang geträumt hatten. – Ein amerikanischer Traum? Oder doch eine Trostgeschichte? Rettung liegt in Gottes Barmherzigkeit und zugleich in unserer Demut und Barmherzigkeit uns selbst und unseren Anforderungen gegenüber.

- Wenig ist genug. Wer selbst pilgert oder nach Erfahrungen derer fragt, die auf den Jakobsweg gegangen sind, wird immer wieder hören, wie befreiend es sein kann, am eigenen Leib zu spüren, dass man mit ein paar Kilo im Rucksack genug hat. Ein Kollege, der zum Ruhestand in eine kleinere Wohnung zieht, sagt: »Wir wollen jetzt mit leichtem Gepäck gehen!«: Was brauchen wir zum Leben? Haben wir, was wir brauchen? Und: Brauchen wir, was wir haben? Und: Wie brauchen wir, was wir haben?
- Was der Himmel schenkt, kann man nicht sammeln, nicht horten. Aber man kann davon leben – jeden Tag neu. Das Brot des Himmels, Liebe, Anerkennung wollen täglich neu erfahren und verteilt werden... .
- Die Frauen und Männer in der Wüste halten durch. Statt »Fleischtöpfe« gibt es Manna, kein Schlaraffenland, eher »Schwarzbrot«. Es gilt etwas durchzustehen, sich durchzubeißen. Eine Eigenschaft, die durch Durchhalteparolen diskreditiert worden ist! Aber eine Eigenschaft, die wir in Zeiten des schnellen Glücks schmerzlich vermissen. Die Brüder Lebert schildern in ihrer »Anleitung zum Männlichsein« (s. Kontexte) einen Möbelpacker, der seine sieben Kinder allein versorgt. ....
- »Der, der viel sammelte, hatte nicht mehr als der, der wenig sammelte.« In der Not liegt eine befreiende und reich machende Entdeckung. Menschen sind frei von der Sorge und der Anstrengung, mehr haben zu müssen als andere. Es gibt Gemeinschaften, in denen das Teilen gelingt: In

der Familie und vielleicht unter Freunden – sichtbar im gemeinsamen Essen. Einige kommunitäre Gruppen versuchen, nach dem Grundsatz zu leben »Jedem nach seinen Bedürfnissen!«. Politische Utopien sind weitgehend daran gescheitert... Kirchentag in Köln im Juni 2007: In Halle 6 wird eine Brotvermehrung nach Joh 6 inszeniert. Für ca. 1500 Teilnehmer sind Teller vorbereitet. Es kommen um vielfach mehr Besucher. Die Aufforderung ergeht, alles Essbare zusammenzubringen – aus den Rucksäcken wird verteilt: Es wird mehr, als alle essen können.

Möglicher Schluss

Ja, wie kommen wir weiter auf unserem Lebensweg? »Die Reise ist so lang, dass ich verhungern muss, wenn ich auf dem Weg nichts bekomme. Kein Essvorrat kann mich retten«, antwortet der Herr seinem Knecht, als er ohne Proviant sich auf sein Pferd schwingt und aufbricht in Kafkas Erzählung »Der Aufbruch«. Vor aller menschlichen Vorsorge sind wir auf menschliche Liebe und Gottes Fürsorge angewiesen. Wir brauchen Stärkung auf unserem Weg – an Leib und Seele.

Im Abendmahl empfangen wir das Brot des Lebens. »Seht und schmeckt, wie freundlich der Herr ist!« Wir vergewissern uns der Güte Gottes, aus der wir leben. Gerade in den »Wüstenzeiten«, an Krisenpunkten des Lebens, in der Krankheit, in Zeiten des Übergangs wird das Abendmahl gefeiert. In katholischer Tradition war es durchaus üblich, täglich die Kommunion zu empfangen. Ja, so glauben wir: dass in der Not nicht nur der Wunsch aufkommt, zurückzukehren nach Ägypten, sondern dass uns der rettende Gott begegnet, damit wir uns wieder auf den Weg machen können. Das Leben will nach vorne gelebt werden – in Dankbarkeit und Demut.

Gestaltungsidee

Die Erzählung bietet sich an – möglicherweise auch gerade im Blick auf eine gottesdienstliche Gemeinde zur Ferienzeit – für einen Bibliolog.

Die Geschichte lebt im Kirchenraum auf durch die Nacherzählung der geschriebenen Worte und die aus eingenommenen Rollen zur Sprache gebrachten Worte »zwischen den Zeilen«. Die Gemeinde braucht eine Hinführung und Einführung in die Methode. Prediger/in erzählt die Ge-

schichte in Abschnitten, unterbricht die Erzählung und fordert die Gemeinde auf, jeweils in eine Rolle zu gehen, aus der heraus das Gemeindeglied dann weiterspricht. Z. B.: »Sie, liebe Gemeinde, sind jetzt ein Mann, eine Frau aus dem Volke Israel. Sie hören, was der murrende Teil des Volkes sagt: ›Wie stehen Sie als ein Mann, eine Frau aus dem Volk zur gegenwärtigen Not?‹« Pfarrer/in geht zu den Einzelnen, lässt sich jeweils ihr Wort sagen und gibt es laut in eigenen Worten wieder. Nach einigen Äußerungen erzählt er oder sie weiter und unterbricht wieder, z. B.: »Jetzt sind Sie, liebe Gemeinde, Mose: »Was geht in ihm vor, wenn … ?« oder: »Was erleben Sie als Mann oder Frau beim Aufsammeln von Manna?« usw. Am Ende jeden Abschnittes ergeht ein Dank an die jeweiligen Rollen: »Danke, Mann, Frau aus dem Volk. Danke, Moses und Aaron« usw.
Zum Schluss wird die geöffnete Bibel hochgehalten. Alle Rollen kehren symbolisch wieder in die Bibel zurück bis zur nächsten Öffnung. Die Gemeinde wird gebeten, aus ihren angenommenen Rollen wieder zurückzukehren in die Rolle der Gottesdienstbesucher an diesen Ort zu dieser Zeit!

Kontexte

»Seine Frau war eines Tages weg … Freunde, Verwandte und Kollegen – alle hatten sie Ratschläge. Worte, wie Kinderheime spielten da eine Rolle, Gastfamilien, soziale Dienste, Freigabe zur Adoption. … Er schlug sämtliche Ratschläge aus. Das sind meine Kinder, das ist meine Aufgabe, das ist mein Leben. Um fünf steht der Möbelpacker jeden Morgen auf. Um zehn abends läuft die letzte Waschmaschine. Der Mann ist eine Ausnahme, fast möchte man sagen ein Held. Aber das liegt daran, dass Alleinerziehende fast ausschließlich Frauen sind. Ein weiteres Indiz dafür, wie sehr sich Männer aus dem Alltag verabschiedet haben. Sie sind Spezialisten für die Flucht geworden.«
(Andreas Lebert/Stephan Lebert, Anleitung zum Männlichsein. S Fischer Verlag GmbH, Frankfurt am Main 2007)

»Jeder kann jederzeit essen, was und so viel er will – eine historisch einmalige Situation. Was die Ernährung angeht, leben die Einwohner der reichen Industriestaaten im Paradies auf Erden, zumindest im Schlaraffenland. Jeder nach seinen – momentanen – Bedürfnissen. Dieser Fortschritt in der Hungerkontrolle ist bei genauerer Betrachtung ein Rückschritt. … Wir futtern immer häufiger etwas, um *Stimmungsmanagement* zu betreiben. Weil Laune und Energie bei all dem Stress ständig nach unten tendieren, greifen wir zum leichtest verfügbaren Gegenmittel: Wir essen etwas gegen ›den kleinen Hunger zwischendurch‹, der in Wirklichkeit ein seelischer Hunger ist …«
(Psychologie Heute, 29. Jahrgang, Heft 11, Thema »Essen Sie, was Sie wollen« November 2002)

»Ich glaube, dass Gott uns in jeder Notlage so viel Widerstandskraft geben will, wie wir brauchen. Aber er gibt sie uns nicht im Voraus, damit wir uns nicht auf uns selbst, sondern auf ihn allein verlassen. In solchem Glauben müsste alle Angst vor der Zukunft überwunden sein.«

Tipps zum Text

Franz Kafka, Sämtliche Erzählungen, Der Aufbruch, S.321
Hape Kerkeling, Ich bin dann mal weg – Meine Reise auf dem Jakobsweg, Piper – Verlag, 18. Auflage 2006
Don J. Snyder, Der Gratwanderer – Wie einer seine Arbeit verliert und sein Leben findet, Weinheim und Berlin, 1998
M. Luther, Kleiner Katechismus, Erklärung der vierten Bitte im Vaterunser
Film: Das tägliche Brot

8. Sonntag nach Trinitatis

Der Brief an die Gemeinde in Rom 6,(18)19–23

Anselm Friederich

Exegetisch-homiletische Skizze

1. Die vorgegebene Abgrenzung des Textes leuchtet nicht ein. Worauf bezieht sich Paulus in Vers 19? Worauf verweist in der Lutherübersetzung das Wörtchen »davon«? Was will der Apostel erläutern? Ohne Vers 18 hängt der Anfang des Predigttextes in der Luft. Ich schlage deshalb vor, mit Vers 18 zu beginnen (»Indem ihr nun frei geworden seid von der Sünde ...«).

2. »Menschlich reden« (Vers 19): Paulus gebraucht diesen Ausdruck auch sonst, etwa in 3,5: »Ist Gott ungerecht, wenn Er zürnt? – Ich rede nach Menschenweise«. Interessant ist auch 1 Kor 3,4: Wenn sich jemand damit aufspiele, zu Paulus oder Apollos zu gehören, »ist das nicht nach Menschenweise geredet?«.

Offenbar meint er eine vergröbernde Redeweise, welche in ihrer Drastik jedoch aufdeckend und erhellend ist. »Menschlich redend« nimmt Paulus eine gewisse Unangemessenheit hin, um an Eindrücklichkeit zu gewinnen.

Ruft ein Bibeltext, der so ausdrücklich unter dem Vorzeichen des Menschlichen steht, nicht auch nach einer besonders am Menschlichen orientierten Predigt? Ich setze deshalb bei der menschlich-allzumenschlichen Erfahrung der Scham an.

3. »Glieder hingeben«(Vers 19): Vom ersten Kapitel des Römerbriefes her neigt man möglicherweise dazu, hinter diesem Ausdruck sexuelle Praktiken und eventuell problematische Abhängigkeiten zu vermuten. Falls die Vermutung zutrifft, ist immer noch die Frage, ob man dieser Spur folgen will. Auf jeden Fall ist darüber hinaus 1 Kor 12,12ff. zuzuziehen, jener klassisch-antike, von Paulus übernommene Vergleich eines Gemeinwesens mit dem vielgliedrigen Menschenleib. »Wenn ein Glied leidet, so

leiden alle Glieder mit, und wenn ein Glied geehrt wird, so freuen sich alle Glieder mit.«(Vers 26) Dies eröffnet eine weit über das Sexuelle hinausgehende Deutung des Wortes »Glied«. »Gerecht« werden sich »Glieder« dadurch, dass sie Schmerz und Glück intensiv miteinander teilen. Behaupten sie dagegen, einander nicht zu brauchen (Vers 21), so »dienen« sie der »Ungerechtigkeit«.

4. Die sprachliche Struktur des gesamten Abschnitts ist geprägt durch das Spiel mit Gegensatzpaaren. Beherrschend ist die Gegenüberstellung von »Tod« und »ewigem Leben« als Zielpunkten, auf welche so oder so geprägte Lebensweisen hinauslaufen. »Tod« bedeutet dabei mehr als nur leibliches Gestorbensein. Laut Röm 8,6f. ist »Fleischlich-Gesinnt-Sein« Unfriede mit sich selbst, Feindschaft gegenüber Gott und deshalb »Tod«. »Leben« bedeutet seinerseits mehr als nur physisches Existieren. Laut Rö 8,11 lebt, wer von Christi Geist »bewohnt« wird.

Markant ist das Gegensatzpaar »Sich-Schämen – Heiligwerden« (Vers 21/22). Scham ist, biblisch verstanden, »Verlegenheit und Hemmung als Folge des Misstrauens gegen Gott«(H.-W. Wolff »Anthropologie des AT«, 3. Aufl. 1977, S.252). Jesaja 29,22 besingt als grundlegende, heilsame Verwandlung, dass »Jakob nicht mehr beschämt dastehen soll«, sprich: dass es am Ende der Zeit keine Verkrampfung und keine Verspannung Gott gegenüber mehr gibt. »Heiligwerden« (ein deutlich besserer Ausdruck als »Heiligung«!) ist Entspannung und Enthemmung im Verhältnis zu Gott, »Teilhabe an seiner Herrlichkeit«(U. Wilckens EKK VI, 2 1979, S.13), also Verbindung und Kommunikation mit Gottes Gegenwart.

Schließlich prägt als Schlussintervall (Vers 23) das Wortpaar »Sold – Gnadengabe« den Höreindruck des Abschnittes maßgeblich. »Sold« (griech, »opsonion/opsonia«) ist etwas, worauf Soldaten bei ordentlicher Pflichterfüllung einen tariflichen Rechtsanspruch haben. »Gabe« (griech. »charisma«) weist dagegen weit über jeglichen Anspruch hinaus.

5. Zur stark polarisierenden Sprache des Abschnitts gehört auch die zeitliche Strukturierung durch die Begriffe »damals – nun«. Sie stellt vor die Frage: Ist die »alte« Lebenseinstellung durch Taufe und Aufnahme in die christliche Gemeinde völlig abgeschüttelt? Geht Paulus davon aus, dass seine Gemeinden die vorchristlichen Verirrungen und Anfechtungen ein für alle Mal hinter sich gelassen haben? Kann er das ernsthaft meinen? Oder ist das Sprachmuster »damals – nun aber« eben ein vermenschlichendes Reden von einer Lebensspannung, welche de facto lebenslang

besteht? Anders gesagt: Gilt statt »tunc – nunc« (damals – heute) nicht doch im tatsächlich gelebten Leben ein »simul«(zugleich)?

Predigtidee

Wie lesen sich Paulus' Ausführungen über vorchristliche und christliche Lebensausrichtung unter dem Vorzeichen »Sich-Nicht-Mehr-Schämen-Müssen«?

Predigtthema

Das uns anvertraute Leben als gottgeschenkte Zeit verstehen, nicht als abzuleistenden Dienst; dadurch innerhalb lebenslanger Spannungen eine dankbare Grundeinstellung entwickeln.

Vorschläge zur Liturgie

Gebet

Der 8. Sonntag nach Trinitatis ist der »Salz – und – Licht – Sonntag« mit Mt 5,13–16 als Evangelium und dem strahlenden Wochenspruch Eph 5,8b–9. Das »Evangelische Gottesdienstbuch« der EKU und der VELKD schlägt dazu ein Tagesgebet vor, welches leicht umgearbeitet so lautet:
»Dein Sohn, Gott, Jesus, unser Bruder und Freund,
hat uns Licht der Welt und Salz der Erde genannt.
Er sei unser Verbündeter,
dann können wir unseren Zweifeln an dir
und den Grauzonen unserer Seele
sein Licht entgegenhalten.
Es kommt von dir.
Du, Gott,
bist ja seine und unsere Hoffnung,
jetzt und über die Zeit hinaus. Amen.«
Psalm: Ps 48, der Psalm des Sonntags, besingt Jerusalem, die »Stadt auf dem Berge« (Mt 5,14) mit jubelnden Tönen, – ein Dankgebet, welches den

aktuellen politischen Verhältnissen scharf widerspricht; dies allerdings tat es wohl fast immer.

Lied

Das Wochenlied EG 318 (»O gläubig Herz«) gehört nicht zu den gegenwärtigen »Rennern« des Gesangbuchs. Es hat jedoch eine abwechslungsreiche und singbare Melodie, und sein Text spricht zwar keineswegs unsere Sprache, ist jedoch gar nicht kitschig, sondern durchaus »zumutbar« und gehaltvoll (problematisch sind nur Passagen wie etwa in Strophe 2: »...dich waffnet zum geistlichen Krieg«)
Anspruchsvoll ist das Lied mit Sicherheit; deshalb ist zu überlegen, ob man der Gemeinde entgegenkommt, indem man im Wechsel mit einem kleinen Chor singt.

Fürbittengebet

Lasst uns vor Gott denken
an alle Leute, die unglücklich leben, verfangen in überzogenen Ansprüchen.
Lasst uns dabei nicht vergessen, wie leicht wir uns selbst verfangen.
Für Andere und für uns selbst lasst uns bitten: »Kyrie eleison«

Lasst uns vor Gott denken
an alle Leute, die undankbar leben, ohne Gespür dafür, wie gut sie's haben.
Lasst uns dabei nicht vergessen, wie leicht wir selbst
die Fülle übersehen, aus der wir leben.
Für Andere und für uns ...

Lasst uns vor Gott denken
an alle Leute, die unehrlich leben, weil sie Lebenslügen hochhalten
und den Blick in den Spiegel vermeiden.
Lasst uns dabei nicht vergessen, wie leicht wir uns selbst belügen
und wie menschlich es ist, nicht wahrhaben zu wollen, was ist.
Für Andere ...

Lasst uns vor Gott denken
an alle Leute, die unruhig leben,

weil der Gedanke, einmal sterben zu müssen, sie quält und aufreibt.
Lasst uns dabei nicht vergessen, wie viel Liebe wir selber brauchen,
um die Angst vor dem Tode nicht zu sehr zu fürchten.
Für Andere ...

Vorschlag zur Predigt

Möglicher Anfang

Als Predigttext hören wir einen Abschnitt aus dem Brief des Apostels Paulus an die frühe christliche Gemeinde in Rom. Paulus schrieb diese Zeilen im Rahmen einer grundsätzlichen Auseinandersetzung. Man warf ihm vor, wenn es denn stimme, dass alles allein an Gottes Gnade liege, dann könne letztlich jeder so rücksichtslos leben, wie er wolle, im Extremfall nach dem Motto: »Lasst uns Böses tun, – Gott macht schon Gutes draus.«
Gegen diese Unterstellungen wehrt sich Paulus und schreibt:
(*Textlesung*)
Fremde Worte, liebe Gemeinde! Befremdlich finde ich schon den Grundgedanken, dass wir immer abhängig seien, in jeder Lebenslage, immer »Knecht« und »Sklave«. Die freie Selbstbestimmung so rundweg abgesprochen zu bekommen, das geht an die Menschenwürde. Von daher kein einladender Bibelabschnitt! Doch zwischen den harten, z. T. schroffen Worten funkelt etwas hervor. Mich funkelte die Bemerkung an, wenn die römischen Christen »heute« zurückdächten, wenn sie daran dächten, worauf sie früher ihr Leben ausgerichtet hatten, so »schämten« sie sich jetzt.
Zwischen Thesen, Gegenthesen und Schlussfolgerungen erglänzt das menschlich-allzumenschliche Wort: »Jetzt schämt ihr euch deshalb!«
Damit bekommt der zunächst fremde Text ein humanes Vorzeichen: »Ihr sollt euch nicht mehr schämen müssen.« Das ist einladend, da lassen Sie uns ansetzen!
Sich schämen zu müssen geht durch und durch. Man fühlt sich als Beschämter umgestülpt wie ein nasser Handschuh. Man ist entsetzt über sich selber, weil man sich unpassend, unreif, unbedacht oder ungeschickt verhalten hat. Unsinnige Erwartungen hat man gehegt, unrealistisch die Situation eingeschätzt. Möglicherweise hat man das Gegenteil von dem

angerichtet, was man eigentlich wollte. »Welche Frucht hatte eure damalige Lebensweise?«, fragt Paulus. »Gebt zu, wenn ihr jetzt daran denkt, schämt ihr euch.«
Sie haben offenbar ihr Leben in einer Weise eingerichtet, die vormals heidnischen, nun aber christlich gewordenen Römerinnen und Römer (– bloß: Woher weiß Paulus dies so konkret? –), die ihnen inzwischen als unreif, unklug, unrealistisch und unsinnig erscheint. »Ihr habt so gelebt«, meint Paulus, »dass ihr eure Lebensbeziehungen selbst untergraben habt.« Im Bildwort gesprochen: »Die Frucht eures Handelns« (»Frucht« mit Augenzwinkern gesprochen)
»die Frucht ...
war ...
Tod!«

Zum weiteren Verlauf

Die Todes-»Frucht« wird ausgelegt als Ergebnis von Selbstentfremdung (individuell) und Selbstzerstörung (zwischenmenschlich). Die soziale Seite dieser Sicht des Todes wird in der Auslegung des Wortes »Glieder« deutlich. Hinter der tödlichen Vereinsamung von Gliedern, die meinen, einander und das Ganze nicht zu brauchen, steht die Haltung, nichts geschenkt anzunehmen, sondern vom Leben bzw. dessen Geber ausbezahlt werden zu wollen. Dies spricht aus dem Wort »Sold«. Der Haltung »Ich will meinen Sold!« wird Jesu Haltung »Dein Wille, Gott, geschehe« gegenübergestellt. Jesu Bitte verkörpert in schlichtester, klarster Weise, was Paulus »Dienst der Gerechtigkeit« oder auch »Heiligwerden« nennt.

Möglicher Schluss

Es geht also um die Frage: »Lebe ich meine Zeit als Kriegsdienst oder als Geschenk?«
Das ist eine Einstellungsfrage. Von Lebensphase zu Lebensphase stellt sie sich neu.
Paulus sieht eine entscheidende Hilfe dabei in der Möglichkeit, sich auf seine eigene Taufe zu besinnen. »Taufe« ist ein wirksames Zeichen für »beschenktes Leben«, und die entsprechende Einstellung – darin ist sich Paulus sicher – wird leiblich spürbar in guter, verantwortlicher Lebensweise.
Wenn ich vom Leben »Belohnung«(»Sold«) verlange, muss ich ständig

»aufrechnen«. Das zerstört. Aufrechnungen werden dem Leben nicht gerecht. Sie sind »Dienst der Ungerechtigkeit« (das merkt man, wenn z. B. jemand anfängt, die Schuld der Nationalsozialisten aufzurechnen gegen das Leid deutscher Vertriebener). Je tiefer ich mich im Aufrechnen verfange, desto beschämender wird es.
Wir aber sollen uns unserer selbst nicht schämen müssen.
Von Gott begnadet sollen wir miteinander leben.
Ohne uns dessen zu schämen, dass wir sind, wer wir sind.

Gestaltungsidee

Folgt man dem Einsatz bei der Frage der Scham, so ließe sich dieses Motiv entfalten durch Bilder oder Bildgeschichten von Schülern oder Konfirmanden zum Thema »Wie peinlich ...«.
Folgt man dem Evangelienmotiv von »Salz und Licht«, wäre es denkbar, am Gottesdienstausgang Teelichter oder Beutelchen mit Salz mitzugeben, vielleicht verbunden mit dem Wochenspruch.

Kontexte

Des Paulus Bemerkung, er müsse »menschlich davon reden« erinnert an die zwei letzten Zeilen der Erstfassung von Friedrich Hölderlins »Der Einzige« :
»Die Dichter müssen, auch
Die geistigen, weltlich sein«.

Zum Motiv »Scham« vergleiche man Kafkas »Prozess«.
Der Held des Romans, Josef K., wird im letzten Kapitel gewürgt, sein Herz wird von einem Messer durchbohrt. Die Henker blicken ihm dabei gerade ins Gesicht.
»›Wie ein Hund‹, sagte er. Es war, als sollte die Scham ihn überleben.«

Einleitungsteil mit Kindern
8. Sonntag nach Trinitatis

Urd Rust

Leitmotiv: Kinder des Lichts

Psalm: Licht-Psalm (mit Motiven aus Psalm 27)
Gott ist mein Licht und mein Heil.
Angst brauche ich nicht zu haben.
  Menschen machen es manchmal dunkel um mich.
  Die Angst vor ihnen lässt mich zittern.
Gott ist mein Licht und mein Heil.
Angst brauche ich nicht zu haben.
  Traurigkeit macht es manchmal dunkel in mir.
  Es tut weh und ich möchte weinen.
Gott ist mein Licht und mein Heil.
Angst brauche ich nicht zu haben.
  Vor Zorn ist es manchmal dunkel bei mir.
  Hart und erstarrt fühlt alles sich an.
Gott ist mein Licht und mein Heil.
Angst brauche ich nicht zu haben.
  Die ganze Welt scheint manchmal dunkel zu sein.
  Schreckliches passiert! Muss das so sein?
Gott ist mein Licht und mein Heil.
Angst brauche ich nicht zu haben.
  Du, Gott, bist immer bei mir.
  Du, Gott, bist Licht in der Dunkelheit.
Amen.

Lesung: Erzählung um Eph 5,8b–14: Kinder des Lichts
Sarah und Timo sind mit Papa und Mama im Urlaub auf dem Campingplatz. Timo hat ein Plakat gesehen: Sonntag ist Gottesdienst mit Kindergottesdienst. Und weil heute kein Strandwetter ist und Sarah und Timo zu Hause auch ganz gerne in den Kindergottesdienst gehen, sitzt nun

die ganze Familie in der kleinen Kapelle am Hafen. Gerade liest die Pfarrerin aus der Bibel vor (Epheser 5,8b–14). Nun aber seid ihr Licht in dem Herrn. Lebt als Kinder des Lichts; die Frucht des Lichts ist lauter Güte und Gerechtigkeit und Wahrheit. Prüft, was dem Herrn wohlgefällig ist, und habt nicht Gemeinschaft mit den unfruchtbaren Werken der Finsternis; deckt sie vielmehr auf. Denn was von ihnen heimlich getan wird, davon auch nur zu reden ist schändlich. Das alles aber wird offenbar, wenn's vom Licht aufgedeckt wird; denn alles, was offenbar wird, das ist Licht. Darum heißt es: Wach auf, der du schläfst, und steh auf von den Toten, so wird dich Christus erleuchten.
»O, o«, runzelt Papa die Stirn, »das ist aber ein schwieriger Text heute!« »Wieso schwer?« Sarah meint eigentlich, ganz oft »Licht« gehört zu haben. Das kann doch nicht so schwer sein. Aber da werden auch schon die Kinder gerufen, und ein freundlicher Mann geht mit ihnen in einen anderen Raum. Der Mann sagt, er heißt Klaus und ist der Mann von der Pfarrerin. Und wirklich, wie Sarah schon vermutet hat, hier geht es jetzt um »Licht«. Wer lesen kann, bekommt ein Blatt mit dem Text, den die Pfarrerin vorgelesen hat. Zwei Kinder lesen die Sätze noch einmal laut. Gemeinsam sammeln sie erst einmal, was alles Licht sein kann. Da fällt ihnen viel ein: Taschenlampe, Sonne, Kerze, Scheinwerfer, ...Und dann versuchen sie herauszufinden, was »Kinder des Lichts« sind, was Paulus gemeint haben könnte. Sarah denkt scharf nach. Timo, der schon lesen kann, zeigt auf eine Stelle im Text und sagt: »Da steht Güte und Gerechtigkeit und Wahrheit. Bestimmt haben die was damit zu tun!« »Dann muss man gut und gerecht sein und nicht lügen, dann ist man ein Kind des Lichts«, sagt ein Mädchen mit blonden Zöpfen. »Brave Kinder sind dann Kinder des Lichts«, ruft ein anderes Mädchen. »Blöd!«, murmelt jemand. »Blöd?«, fragt der Mann, der Klaus heißt. »Brav ist blöd!«, sagt der Junge mit der runden Brille und den Stachelhaaren. »Ich glaube auch nicht, dass hier brav gemeint ist. Brav kann man auch sein, wenn man nur ruhig da sitzt, oder? Aber zum Beispiel gerecht zu sein kann sehr anstrengend sein.« »Und ehrlich sein auch«, meint Timo. »Aber wie kann ich denn so ein Kinderlicht sein?« »Das heißt »Kind des Lichts«, korrigiert ein älterer Junge. »Das gefällt mir gut: Kinderlicht!«, lächelt der große Klaus. »Ein Licht, das die Welt ein bisschen heller macht, wie können wir so ein Licht sein?« »Vielleicht, wenn ich nicht so viel mit meinem Bruder zanke«, sagt Sarah vorsichtig. Timo schaut sie von der Seite an. »Oder

wenn ich mein Zimmer aufräume?«, meint das Zopfmädchen. »Blöd!, sagt der Stachelkopf-Junge. »Ich hab es ja gewusst: Man muss brav sein.« »Wie würdest du denn gerne ein Licht sein?«, fragt ihn Klaus. »Weiß nicht«, meint der Junge, »vielleicht, also, mein Vater macht manchmal Brennholz für den Kamin und Rasenmähen. Das würde ich gerne mal. Aber das darf ich ja doch nicht.« »Frag doch einfach. Und sag dazu, dass du das gerne machen würdest. Oder – ich habe noch eine Idee: Wir basteln ein Zeichen. Dann kannst du es ohne Worte sagen.« Und der Klaus packt kleine Tüten aus, gibt den Kindern Buntstifte und sie bemalen die Tüten auf der einen Seite mit sich selbst. Auf die andere Seite schreiben oder malen sie, wie sie Licht für die Welt sein wollen. Dann füllt Klaus etwas Sand in die Tüten und jedes Kind stellt ein Teelicht hinein. Ganz stolz gehen die Kinder zurück in die Kirche und zeigen den Erwachsenen, was sie aus dem »schwierigen Text« gemacht haben.

Lied: Mache dich auf und werde licht (EG 545, Baden/Pfalz)

Besondere Aktion

Tütenlaternen-Basteln mit Lichtertanz

- unbedruckte Brötchentüten vom Becker oder Butterbrottüten
- Buntstifte
- feiner Sand
- Teelichter

Die Tüten von jeder Seite in der Mitte bemalen (oben und unten muss ein breiter Rand bleiben. Nach dem Bemalen Selbstbildnis und Licht-Auftrag) mit etwas Sand füllen, damit die Tüte standfest wird. Zur Stabilität den oberen Rand etwas einrollen. Dann ein Teelicht entzünden und hineinstellen. Vorsicht bei den kleinen Tüten! Unter www.solarlichtladen.de können Sie ungefährliche Teelichter bestellen.

Schön ist ein Lichtertanz.

Die Kinder stehen im Kreis in Tanzrichtung nach rechts. Ein Kind zeigt seine Laterne und sagt, wie es Licht für die Welt sein will. Zum Gesang von »Mache dich auf und werde licht« gehen die Kinder vier Schritte nach rechts, vier Schritte in die Mitte, heben dann stehend mit der steigenden Melodie ihre Laterne hoch und gehen, die Laterne wieder in Bauchhöhe sinken lassend, zu »denn dein Licht kommt« rückwärts. Das nächste Kind zeigt seine Laterne ...

Illustration: Doris Westheuser

9. Sonntag nach Trinitatis
Der 1. Brief des Petrus 4,7–11

Traugott J. Simon

Exegetisch-homiletische Skizze

Eine besondere Zeit damals, als diese Worte entstanden: Die christliche Gemeinde lebt (noch) in der Naherwartung Christi. Sie hat sich aber schon verändert und ist dabei, sich in der »Zeit zwischen den Zeiten« einzurichten. Sie sucht Wege, in der Welt zu leben, und entwickelt jetzt Verhaltensweisen, die der neuen Lage gerecht werden sollen.

Eine besondere Zeit früher in der hellenistischen Welt, wo viele Menschen und Kulturen sich begegneten und Gastfreundschaft als Losung auf ihren Fahnen hatten.

Eine besondere Zeit heute, wo diese Worte neu zu hören sind: eine sich global aufweitende Welt, die zugleich Ängste und Abgrenzung gebiert. Große Möglichkeiten stehen großen Verlusten gegenüber, und es gilt, sich neu zu (er-)finden.

Interessante Stichworte enthält der Text aus dem 1. Petrusbrief: das nahende Ende, besonnen sein, sich in Liebe üben, gastfrei sein, einander dienen, verschiedene Gaben, mit Gottes Gnade haushalten; Gott preisen. Jedes Stichwort eröffnet eine ganze Bandbreite von Gedanken.

Für die christlichen Gemeinden damals – meint Feldmeier – sei Gastfreundschaft die zentrale Ergänzung, aufgenommen aus der hellenistischen Tradition, entsprungen also aus der Neuorientierung an der sie umgebenden Welt. Gastfreundschaft qualifizierte in den Gemeinden bereits damals zu einem Gemeindeamt, wie dies vor allem der 1. Brief des Timotheus benennt (Der erste Brief des Petrus, THK 15/I, Leipzig 2005, S. 146).

Bemerkenswert, dass es hier in den Versen 7–11 um Verhaltensweisen und Gaben innerhalb der Gemeinde geht, während es in den Versen 3–6 um die Heiden außerhalb der Gemeinde ging. Und V. 2 wird von K. M.

Schmidt als »Überschrift« zu diesen beiden Abschnitten aufgefasst (Mahnung und Erinnerung im Maskenspiel, Freiburg 200, S. 271). So kann jetzt die christliche Gemeinde als »Kontrastgemeinschaft zum heidnischen Zusammenleben« erscheinen (273). »Nur eine gefestigte, starke Gemeinde kann den verführerischen Anfragen aus der Umwelt widerstehen.« (275)
Heute könnte das noch ganz anders gelten: Die Fähigkeit zur Gastfreundschaft – nach innen wie nach außen – könnte gerade heute ein Lebens-Merkmal christlicher Gemeinde(n) sein. Christliche Kirchen könnten dort eine neue, positive Art von »Kontrastgemeinschaft« werden, wo sie wirkliche Gastfreundschaft pflegen.
Etwas Anderes kommt hinzu: »Die ganze Gemeinde (wird) als ›Verwalter der bunten Gnade Gottes‹ bezeichnet« (Feldmeier 146). Gerade in der inneren Vielfalt der Gemeinde durch unterschiedliche Gaben bietet die christliche Gemeinde als »die durch den gemeinsamen Bezug zu Gott in Liebe geeinte Gemeinschaft eine Chance, Außenstehenden den Glauben zu bezeugen« (148). H. Frankemölle nennt dies die »soziale Dimension der Charismen« (1. Petrusbrief, 2. Petrusbrief, Judasbrief, Würzburg 1990[2], S.64).

Ich begreife Gastfreundschaft als den Schlüssel- und Leitgedanken dieses Textes, von dem her sich mir der Text erschließt. Er entspringt in einer krisenhaften Situation (V. 7: »nahe gekommen das Ende aller Dinge«), in der es zugleich »nüchtern und besonnen« zu sein gilt und darum, beharrlich Liebe zu üben: Gastfreundschaft wird so etwas wie eine christliche Kernkompetenz. Und darin die unterschiedlichen Fähigkeiten entfalten – das wäre begeisternd. Ist das heute so anders?

Predigtidee

Gastfreundschaft will im Alltagsleben der Gemeinde Gestalt finden: andere Menschen willkommen heißen, unterschiedliche Gaben gelten lassen und fördern. Verbundenheit mit Gott und untereinander finden und einüben. In allem: gastfreundliche Gemeinde als Lob Gottes.

Predigtthema

Gastfreundschaft nach innen und nach außen zeichnet christliche Gemeinde aus.

Vorschläge zur Liturgie

Zur *Begrüßung* ein Gedanke von Romano Guardini, ohne Quellenangabe: »Das ist aller Gastfreundschaft tiefster Sinn: dass einer dem anderen Rast gebe auf dem Weg nach dem ewigen Zuhause.«

Lied

Als Lied nimmt ›Meine engen Grenzen‹, EG (Hessische Ausgabe) 584 m. E. die Spannungen von Gastfreundschaft sehr gut auf, bei Einzelnen, bei Gruppen, ›im Großen und Ganzen‹ – und die es zu wandeln gilt.

Aufforderung zu Bittruf und Lobpreis

Neu, anders und fremd liegen so nah beieinander. Erste Eindrücke vermischen sich oft mit Reaktionen – wir wehren ab. Wir verschließen uns als Einzelne, auch als Gemeinde. Lasst uns Gott um Erbarmen bitten:
Einander annehmen und gelten lassen, sich an Fremdem erfreuen können, Anderen in Offenheit begegnen. Gastfreundliche Gemeinde sein zu Gottes Lob. Lasst uns Gott preisen, wo immer es geschieht:

Tagesgebet

Gott, Lebenskraft in Allem, dich beten wir an. Du schenkst uns Liebe, die unsere Gastfreundschaft weckt. Du befreist uns von Unsicherheit und Ängsten, die uns verschließen. Du öffnest uns neue Wege zueinander. Erwecke dein Leben in uns durch Christus und die Kraft heiligen Geistes.

Fürbittengebet

Gott, du lebst auf unter uns, wenn unsere Gemeinde lebt./ Wir sind aufeinander angewiesen. Wir brauchen Menschen, die uns lieb haben. Alleingelassen geht es uns schlecht. / Lass uns in unserer Gemeinde die vielfältigen Begabungen entdecken, die in uns stecken./ Lass sie so zur Geltung kommen, dass wir uns in der Gemeinde zu Hause fühlen wie in einem blühenden Garten./ Mache den Jungen Lust am Leben mit der Weisheit der Alten. Und halte die Alten in Bewegung durch die Anregung der Jungen./ Hilf den Eltern, mit ihren Kindern das Leben neu für sich zu entdecken./ Die Kranken pflege mit der heilenden Besorgnis der Gesunden./ Lass die Traurigen unter uns Geborgenheit finden, in der sie sich ausweinen können./ Öffne unsere Türen für die, die uns fremd (geworden) sind./ Wir danken dir, Gott, dass du uns so viele Talente geschenkt hast, mit denen unsere Gemeinde zu einer fröhlichen und lebendigen Gemeinschaft wachsen kann. (Agende I EKKW, S. 342f.)

Vorschlag zur Predigt

Möglicher Anfang

Stellen Sie sich das vor: Sie betreten ein fremdes Haus. Sie werden erwartet. Mit großer Herzlichkeit werden Sie willkommen geheißen und hereingebeten. Jeder Schritt zieht Sie hinein in ein neues, einladendes, faszinierend buntes Reich. Jeder Atemzug, jeder Blick, jedes Geräusch weitet Ihre Sinne, schafft Ihnen weiten Raum, außen wie innen! Obwohl Sie fremd sind, können Sie sich direkt wohlfühlen in diesem Raum der Gastlichkeit.

So ein Haus der Gastlichkeit steht in der Nähe von Bonn, das Orth-Haus. Als Frucht langer Reisen, intensiver Arbeit und eines lebensoffenen Menschen, der dort Gastfreundschaft lebt zusammen mit vielen Anderen. Peter J. Orth, der Begründer des Hauses, war lange Jahre überall auf der Welt unterwegs. Daraus nahm er die Kraft und die Kreativität, nach Jahren des Unterwegs-Seins sein Elternhaus zu einem Haus der Begegnung und der Gastlichkeit umzugestalten.

Ja, sagen Sie, das ist die große Ausnahme. Ich erlebe das nicht so. Wenn ich das erste Mal wohin komme – wer begegnet mir da mit offenen Armen? Ehrlich gesagt: Ich will das auch gar nicht. Ich will mir selber erst mal ein Bild machen, mich langsam herantasten, mir Zeit lassen. Und wenn ich an unsere Gemeinde hier denke – ach, da schweigen wir lieber. Wer interessiert sich bei uns schon für die Anderen? Außer naserümpfend festzustellen, was der oder die schon wieder gemacht, gesagt oder sich erlaubt hat! »Also wissen Sie, was ich da gestern wieder erlebt habe …? Ich könnte Ihnen was erzählen …« Na ja, sagen viele rasch, so ist das halt. Kann man nichts machen…

Der Verfasser des ersten Petrus-Briefes war offensichtlich anderer Meinung: gastfrei sein … einander dienen … mit den Gaben haushalten … in allem Gott preisen. Klingt ja gut, aber – ob das so geht? Wohin führt das denn?? Wenn wir heute jeden reinlassen würden, der an unserer Tür klingelt. Man sieht und liest es doch, was da passieren kann. Und wenn wir alle reinlassen würden, die in Deutschland oder in Europa Schlange stehen – das geht doch nicht! Dann hat ja niemand mehr Arbeit von uns. Die nehmen uns doch schon genug weg. Natürlich müssen unsere Firmen heute wettbewerbsfähig bleiben. Da muss man halt auch im Ausland produzieren. Und es ist doch gut, wenn die da unten beschäftigt sind. Die sollen dafür ruhig auch etwas Geld kriegen. Da kommen sie nicht auf dumme Gedanken. Aber die können doch nicht alle zu uns kommen und bei uns rein wollen.

In der Tat leben wir heute in einer Welt, in der wir mit der ganzen Welt verbunden, vernetzt sein können. Von überall her können wir alles Mögliche und Unmögliche erfahren, was gerade passiert ist. Informationsgesellschaft nennen das manche. Und viele Firmen gehören zu großen Firmen und Konzernen, die weltweit ihre Niederlassungen und Fabriken haben.

Genau, sagen manche, da muss man eben zusehen, dass man sich nicht ganz verliert. Man muss auch Grenzen ziehen. Sonst gehen wir doch ganz unter. Man muss Zäune ziehen, wie in Heiligendamm 2007, als die Regierungschefs der G8-Staaten zusammenkamen. Man muss sich auch schützen! Es heißt ja nicht umsonst: »Wer für alles offen ist, ist wohl nicht ganz dicht…!« Und wenn dann so Krawallmacher kommen und das nicht einsehen wollen und gewalttätig werden – da muss man eben hart durchgreifen.

Das leuchtet ein – aber ist es nicht auch eine Spirale von Angst und Gewalt, die sich entwickelt und gegenseitig immer weiter hochschraubt? Dann kehrt sich die offene, globalisierte Welt oft ganz rasch um und Grenzen werden dicht gemacht – ›die sollen uns doch in Ruhe lassen‹ – ›die sollen doch zu Hause bleiben‹. So ist es schnell zu Ende mit der schönen neuen Welt.

Früher hieß es mal, wir müssten global = weltweit denken und lokal = vor Ort handeln. Heute kehrt sich das wohl ins Gegenteil um: Wir handeln

weltweit und global, denken aber lieber lokal, nach eigenen Interessen. Bei uns ist jeder Einzelne in weltweite Zusammenhänge eingebunden – doch wenn es um unsere Interessen geht, schließen wir uns schnell ab, machen dicht.
Der französische Philosoph Jaques Derrida stellt fest, dass die Globalisierung gerade Grenzziehungen verstärken kann. Das kann zu Einschränkungen der Gastfreundschaft führen.

Im ersten Petrusbrief klingt das irgendwie anders. Das ist ziemlich spannend! Zunächst mal ist es für die christliche Gemeinde selbst gemeint: für den Umgang miteinander innerhalb der Gemeinde. Da sollen wir gastfreundlich sein, einander in Achtung begegnen, die eigenen Fähigkeiten für Andere nutzen ...
Es geht um die Würde der Menschen und die Würde der ganzen Welt und Natur. Wir alle sind Geschöpfe Gottes. Und sollten deswegen füreinander ein Herz haben, aufeinander achten lernen und einander gelten lassen, so wie wir sind.

Zum weiteren Verlauf

Hier könnten Beispiele gelingender Gastfreundschaft berichtet werden, aus der eigenen Gemeinde oder aus Gemeinden in der Region. Am schönsten von Mitarbeitenden oder von Willkommen-Geheißenen selbst, eventuell mit kleinen szenischen Darstellungen verbunden (s. Gestaltungsidee/Kontexte). Die Berichte könnten mit Stichworten aus dem Predigttext verknüpft werden. So belebt sich die Gastfreundschafts-Haltung des Textes in die Gegenwart der Gemeinde.

Möglicher Schluss

Gastfreundliche Gemeinde sein ist ein lohnendes Ziel, das unsere ganze Kraft, unsere besten Ideen verdient! Wie können wir uns in diese Richtung bewegen? Unser Text benennt zweierlei: »Das Ende aller Dinge ist nahe gekommen.« In heutigen Worten: Die Zeit ist ernst! Und zweitens: Die Zeit nutzen in besonnenem Beten und in beharrlicher Liebe.
Das könnte heißen: in der konkreten Situation der eigenen Gemeinde sehen, was nötig ist, wo Not ist, wo Menschen unser Willkommen brauchen. Und das in einer Haltung tun, die gleichzeitig im Gebet vor Gott ist und genauso in Liebe den Menschen zugewandt bleibt. *Aktuell konkre-*

tisieren! Warum? Weil jeder Mensch von Gott seine einzigartige Würde hat, die zu schützen ist. Wie die Würde jedes Tieres, jeder Pflanze, der ganzen Schöpfung. »Die Macht der Würde ist unsere beste Macht!« hieß es beim Deutschen Evangelischen Kirchentag 2007 in Köln. Diese Würde zu sehen und zu schützen, ist unsere Macht und zugleich unsere Verantwortung als christliche Kirche, als christliche Gemeinde. Geschenkte Gastfreundschaft würdigt die Würde jedes Menschen. Diese Gastfreundschaft kann jede/jeder mit eigenen Gaben und Fähigkeiten ausgestalten.

Peter Orth, der sein Elternhaus zu einem Ort der Gastfreundschaft umgestaltet hat und dort gerne Gäste empfängt, Konzerte oder Ausstellungen veranstaltet, Feiern ausrichtet, umschreibt übrigens als Grundhaltung für seine Arbeit: »Die Gastfreundschaft ist ein guter Weg, Menschen miteinander zu versöhnen, sie zum Miteinander zu bewegen und ihnen Freude und eine schöne Zeit zu schenken. ... Dieses Haus ist für jeden offen, der sich selbst öffnet. Nur wer sich anderen Welten öffnet, spürt das Leben.« Das könnte uns als christliche Gemeinde beflügeln: Gastfreundliche Gemeinde sein! Verschiedene Begabungen als Vielfalt in der Gemeinde feiern! Besonnen beten und beharrlich lieben! Gott loben als gastliche Gemeinde! Andere an- und aufnehmen setzt voraus, dass wir uns selbst gefunden, angenommen haben. Gleichzeitig bedeutet es: »Wir müssen uns vergessen können, zurücktreten, damit der Andere in seiner Einmaligkeit bei uns wirklich ankomme. Wir müssen ihn sein lassen können, ihn freigeben in seiner Eigenart, die uns oft aufscheucht und zur schmerzlichen Verwandlung ruft ... Denn das Geheimnis des Lebens erschließt sich nur ... der schöpferischen Gegenseitigkeit.« *(J. B. Metz nach Sr. Philippa Rath OSB, www.abtei-st-hildegard.de)* Einander würdigen wie Christus, gastfreie Gemeinde sein – » ... als käme es direkt aus einer Kraft, die Gott schenkt. Damit ihr mit all euren Begabungen durch Jesus Christus Gott lobt. Gott gehört der Glanz und die Macht in allen Zeiten und über alle Zeiten hinaus. Amen.« (1 Petr 4,11; Bibel in gerechter Sprache)

Gestaltungsidee

»Mitarbeiterinnen und Mitarbeiter der Kirchengemeinde können an diesem Tag im Gottesdienst ihre Aufgaben darstellen und von ihren Erfahrungen berichten.« (Agende I EKKW, S.439)
Das Lied »Meine engen Grenzen« EG 584 (Hessen), s. u., könnte dazu mit seinen einzelnen Versen genutzt werden.

Kontexte

Gebote der Gastfreundschaft (aus: www.ich-bin-gastfreund.de)

1. Behandle deine Gäste so, wie du selbst gern als Gast behandelt werden möchtest.
2. Nähere dich dem Fremden mit respektvoller Neugier.
3. Schenke Zeit.
4. Höre zu und sprich von Herzen.
5. Erfreue den Gast mit Wissen über seine Kultur – und sei zu Hause in deiner eigenen.
6. Gib mehr, als du bekommst.
7. Suche die Balance zwischen Gemeinsamkeit und Freiraum.
8. Sorge für die Sicherheit deiner Gäste.
9. Sei bereit, Freundschaft zu schließen.
10. Sieh dein Land mit den Augen des Gastes – und mehre bis zum nächsten Mal Schönheit und Glück.

EG 584 (hessischer Anhang):
Meine engen Grenzen, meine kurze Sicht bringe ich vor dich. Wandle sie in Weite: Herr, erbarme dich.
Meine ganze Ohnmacht, was mich beugt und lähmt, bringe ich vor dich. Wandle sie in Stärke: Herr, erbarme dich.
Mein verlornes Zutraun, meine Ängstlichkeit bringe ich vor dich. Wandle sie in Wärme: Herr, erbarme dich.
Meine tiefe Sehnsucht nach Geborgenheit bringe ich vor dich. Wandle sie in Heimat: Herr, erbarme dich.

10. Sonntag nach Trinitatis

Der Brief an die Gemeinde in Rom 11,25–32

Martin Ost

Exegetisch-homiletische Skizze

Hat der »Israelsonntag« einen Platz im Bewusstsein unserer Gemeinden? In den Gemeinden, die ich kenne, eher nein – wohl auch, weil der 10. Sonntag nach Trinitatis (freilich nicht nur) in Bayern meist in die Sommerferien fällt. Nach »Israel« wird gefragt im Blick auf die Politik des Staates Israel, manche nehmen ihretwegen auch an Lesungen im Gottesdienst Anstoß, die »Israel« Land und Zukunft verheißen, weil sie nicht trennen zwischen dem Israel der Bibel und dem Staat Israel. Ein entsprechender Hinweis auf die Unterscheidung zwischen dem biblischen und dem politischen Israel zu Beginn des Gottesdienstes am Israelsonntag könnte dieses Missverständnis wenigstens für diesen Gottesdienst vermeiden helfen. Es gibt freilich auch Christenmenschen, die beides biblisch begründet gleichsetzen wollen – ich denke, man sollte ihnen nicht ersparen, diese Auslegung der Bibel zu problematisieren. Ich meine, dass auch die Überlegungen des Paulus im Römerbrief nicht gegen diese Unterscheidung sprechen.

Die »Juden« in Deutschland verschwinden aus dem Blick auch bei Gesprächen mit Älteren. Nur selten noch treffe ich noch Menschen, die das Miteinander von Juden und Christen im Dorf erlebt haben. Ton wie Themen haben sich geändert: Der Abstand zur antisemitischen Propaganda ist groß geworden und das Interesse an Dorfgeschichte gewachsen, zu der eben auch die (lange vergessene) Synagoge und die jüdischen MitbürgerInnen gehört haben.

Das alles streift aber kaum die Frage des Paulus und das Thema des Israelsonntags: was wird aus dem ersten Gottesvolk, wenn wir Christen uns als neues, zweites, richtiges (?) Gottesvolk verstehen? Sind die Verheißungen an Israel auf »uns« übergegangen, wurden sie ungültig, wurden sie

»Israel« entzogen, weil Menschen jüdischen Glaubens den Messias in Jesus nicht sehen konnten und können, oder gelten sie weiter und, wenn ja, was heißt das, für uns, für »Israel«?

Pietistisch geprägte Gemeinden haben vielleicht am ehesten Zugang zu Pauli Frage: Die Gültigkeit von Gottes Verheißungen steht ihnen ebenso fest wie die Berufung Israels zu Gottes Volk – ebenso aber auch, dass es keinen Weg zum Heil als Jesus Christus gibt. Manche sehen keine Probleme in der Judenmission, die sie unterstützen, und setzen ihre Hoffnung auf die messianischen Juden. Die Problematisierung solcher Mission durch Christen und manche Kirchenleitungen bzw. Synoden ist ihnen ein Beispiel für das Abweichen der Kirche von biblischer Lehre.

Hier kann Paulus zum Nachdenken und zu einem Blickwechsel anleiten. Wir denken über uns nach: Es ist unser Glück, dass »sie« so blind sind, weil das Evangelium uns so erreicht hat. Gott steckt hinter der »Blindheit« Israels, der aller Menschen Heil will, weswegen die Verstockung Israels seinen Heilswillen für alle Menschen dokumentiert, der darum aber auch Israel nicht vergessen wird. Auch bei ihnen mit und durch Christus?!

Ich bleibe bei den »Normalgemeinden«: Nie ist mir hier die Frage begegnet, was aus der Verheißung Gottes an Israel geworden sei und was aus Juden werden wird, die nicht an Jesus glauben. Das Wort göttlicher Verheißung so ernst zu nehmen, dass man nach seiner Gültigkeit auch noch nach Jahrhunderten fragt, scheint Vielen ebenso ungewöhnlich wie die Frage nach dem Seelenheil – dem eigenen wie dem von Menschen, die man persönlich nicht kennt.

Was Paulus umtrieb, was in der christlichen Gemeinde von Rom möglicherweise zu Auseinandersetzungen führte (wir wissen es nicht), ist den meisten Christenmenschen bei uns zu einer Frage aus vergangenen Zeiten geworden. Was also könnte Menschen ansprechen, zum Nachdenken bringen an diesem Text?

Ein Gedanke: Das Verhängnis, die Blindheit der einen ist die Voraussetzung für das Glück und Heil der anderen. Das könnte herausführen aus dem Kopfschütteln über »die Juden« und der Selbstverständlichkeit, mit der wir Christen sind, und anleiten zur Dankbarkeit dafür, dass wir Christen sind, und zum Nachdenken, wie wir es sind bzw. sein sollten. So reden wir nicht über andere, sondern über uns: Indem wir uns erinnern, was uns geschenkt ist, kann dann die Frage lebendig werden, was dann

aus Israel wird, das diese Möglichkeit ausgeschlagen hat, ausschlagen musste (nach Gottes Beschluss!), damit wir gerettet werden. Die Frage erinnert an das Rätsel »Judas«, der ihn verraten musste und doch verantwortlich bleibt für sein Tun. Handelt er, weil Gott es so will oder macht Gott aus seinem Handeln Gutes? Ist Israel blind für Jesus, damit wir gerettet werden oder macht Gott aus der Blindheit Israels unser Heil?
Je mehr man diesen Gedanken verallgemeinert, umso weiter entfernt er sich vom Thema des Sonntags: Das Unheil der einen ist die Voraussetzung für das Glück der anderen.
Ich schlage einen anderen Weg vor: Die ins kollektive Unterbewusstsein verdrängte Beziehung zwischen Christen und Juden und die vergessene oder ins Politische abgedrängte Frage nach der Zukunft Israels können Reden und Handeln von Christen in verhängnisvoller Weise bestimmen. Nur, wer diese Beziehung ins Bewusstsein hebt, entkommt dem verhängnisvollen Bedürfnis, das eigene, bessere Recht nachweisen und Selbstständigkeit behaupten zu müssen. Das versuche ich in einer Geschichte auszudrücken.
Anmerkung: Die Predigtgeschichte ist aus der Sicht eines Mannes geschrieben. Das hat keine tiefere Ursache als die, dass ich mich in den Mann eher hineindenken kann. Wer es anders sieht, mag sie als Geschichte von Mutter und Tochter erzählen (und darin das Bild von »Ekklesia und Synagoge« aufnehmen – vor allem, wenn eine entsprechende Darstellung im Bewusstsein der Gemeinde ist oder zur (vergessenen?) Ausstattung der eigenen Kirche gehört –, muss aber darauf achten, dass Jugendliche (nur sie?) dann nicht an »Zickenkrieg« denken!). Wenn man den gemeinsamen Gott betonen möchte, kann man auch über ältere und jüngere Geschwister erzählen.

Predigtidee

Die verdrängte und lange geleugnete Verwandtschaft mit dem Vater (»Israel«) entdecken und annehmen, was uns mit ihm verbindet, um uns unserer Wurzeln dankbar bewusst zu werden und mit dem »Vater« leben zu können.

Predigtthema

Wer die eigene vergessene Wurzel entdeckt und annimmt, findet Kraft zum Wachstum und entkommt der Gefahr, die Wurzel zu verurteilen oder abzustreiten, um er oder sie selbst sein zu können.

Vorschläge zur Liturgie

Votum

Der Israelsonntag erinnert an die Zerstörungen Jerusalems. Er erinnert uns Christen an unsere Wurzeln: Jesus war Jude, ebenso seine Jünger. Seine Predigt ruht auf den Verheißungen Gottes und der Geschichte mit Menschen, wie sie in dem Teil der Bibel beschrieben ist, den wir das »Alte Testament« nennen. Wir denken heute daran, dass nicht abgetan und erledigt ist, was Gott Israel verheißen hat.

Gebet

Barmherziger Gott, von deiner Treue leben wir, die unsere Schuld überlebt, bewahre uns vor Hochmut gegenüber Israel, als ob dein Volk alles verspielt hätte, was du ihm verheißen hast, und hilf uns leben als Begnadigte Kinder Gottes.

Psalm

Psalm 73 in Auswahl (die Frage des Paulus wäre hier aufgenommen) oder:

Wo bist du, Gott, gewesen
in jener schlimmen Zeit,
als – ohne Federlesen –
den Juden blühte Leid,
als Gotteshäuser brannten,
der Mord kein Ende fand,
und selbst, die »Christ« sich nannten,
erhoben ihre Hand?

Wo warst du, Gott der Liebe,
als Hass die Welt zerschlug,

als dein Volk all die Hiebe
der Schinder still ertrug,
als Menschen Menschen jagten,
als Nacht war – Tag und Nacht?
Wo warst du, als sie klagten,
du, Gott, mit deiner Macht?

Warum hast du geschwiegen?
Bist nicht herabgefahr'n
zu enden all das Kriegen,
unmenschliches Gebar'n?
Du hast das Meer gespalten,
schenkst Leben, Raum und Zeit,
und ließest uns doch walten
wie Herrn der Ewigkeit.

Warum hast du verlassen,
die du dir einst erwählt?
Du warst nicht mehr zu fassen.
Warum? Die Frage quält.
Und doch bleibt eine Ahnung:
Vielleicht warst du dabei,
als des Gewissens Mahnung –
und ihr Schrei war dein Schrei.
Eugen Eckert

Ernst L. Fellechner/Hartmut Miethe: Neue Praxishilfe Gottesdienstliturgie Band 2, S. 140.

Kyrie/Gloria: EG 181,6 Laudate omnes gentes

Lesung: Jes 62,6–12 (Bibel in gerechter Sprache?!)

Lieder: EG 659 (Regionalteil Bayern) Freunde, dass der Mandelzweig; EG 234 »So wahr ich lebe«, spricht dein Gott; EG 245 Preis, Lob und Dank sei Gott dem Herren; EG 248 Treuer Wächter Israel'

Segen

Es segne euch der Gott Abrahams, der Leben schenkt, wo menschliche Hoffnung endet. Es segne euch der Gott der Maria, der zur Welt kommt und mit uns geht auch auf unseren Umwegen und Abwegen. Es segne euch Gott, der Heilige Geist, der mit Israel ist und ebenso mit uns als Tröster und Begleiter, Kraft und Weisheit und Quelle des Lebens.

Vorschlag zur Predigt

Über seinen Vater wurde nicht geredet, wenn er dabei war. Der war ihm immer fremd gewesen und war es geblieben: seit dem Streit vor Jahren waren sie getrennte Wege gegangen. »Was weiß denn ich!«, sagte er, wenn er nach ihm gefragt wurde und er wusste wirklich nichts. Es sollte aber auch bedeuten: »Ich brauche ihn nicht!« und mancher, manche hörte: »Frag' nicht!« Von sich aus redete er nie von ihm, schon gar nicht von ihrer gemeinsamen Zeit. Schlimm wurde es, wenn jemand Ähnlichkeiten zwischen ihm und dem Vater entdeckte und das laut aussprach: Da konnte er geradezu ausfallend und laut werden. »Mit dem bin ich fertig!«, sagte er dann und sagte es so, dass man spürte: er war gar nicht fertig mit ihm, da war etwas, das ihm keine Ruhe ließ. Dass der Vater den Weg des Sohnes missbilligt hatte und es zur Trennung gekommen war – diese Sache war keineswegs erledigt, die Wunde nicht geheilt. Ein Wort genügte und die alte Geschichte war wieder da. »Er ist neidisch, verbohrt, verstockt, hat nie begriffen, wer ich bin und was ich will!« – so ähnlich redete er über den Vater und man spürte hinter den Urteilen und Reden den Schmerz, den die Trennung ihm bereitete. Aber auch diesen Schmerz durfte man nicht ansprechen – er hätte ihn bestritten. So entfernten sie sich immer weiter voneinander und waren sich doch ähnlicher, als vielleicht beiden lieb und bewusst war.

Ich denke, manche unter uns kennen solche komplizierten Beziehungen, wo zwei aneinander hängen und doch miteinander nichts zu tun haben wollen, wollen voneinander los und können sich doch nicht trennen, so sehr sie es auch versuchen. Jedes Wort über den anderen klingt wie eines über mich, jedes Urteil über ihn trifft mich mit. Schlimm, wenn es zwischen Eltern und Kindern oder unter Geschwistern so zugeht – Eltern wie Geschwister kann man sich nicht aussuchen und kann sich auch

nicht scheiden lassen von ihnen. Und so tut man einander weh mit alten Geschichten und indem man dem anderen wehtut, straft man sich selbst. Jahre später vielleicht spüren es nur noch die anderen, die aber umso deutlicher. Wer es ausspricht, hebt etwas an die Oberfläche, was im Untergrund bleiben soll.
So kann man auch die Geschichte zwischen Juden und Christen beschreiben: Vater und Sohn, die voneinander nicht loskommen, obwohl sie einander immer fremder geworden sind im Lauf der Geschichte und die doch, je mehr sie ihr Eigenes zu entdecken versuchen, merken, dass sie aus einer Familie kommen. Aber weil man einander nicht versteht, muss man die Verwandtschaft leugnen: Wir sind das neue Volk Gottes!, sagten Christen lange Zeit, überzeugt, die Juden seien all ihrer Verheißungen von Gott enterbt. Aber dass nicht alles aus ist, dass sie mehr verbindet, das spüren, die die heftigen Ausfälle von Christen gegen Juden hören oder lesen, den Hass, mit dem Christen an sich hassen, was sie den Juden vorwerfen.
Paulus trägt die Geschichte in sich – sie ist Teil seiner Lebensgeschichte. Die Christengemeinden seiner Tage freilich sind dabei, die gemeinsame Geschichte zu vergessen. Wer sich von den Juden zu Christus bekehrt, mag gerne kommen, die Masse der Juden freilich will von Jesus nichts wissen und so will auch die christliche Gemeinde nichts mehr von ihnen und ihren Sitten wissen. Sie werden in ihren Augen immer mehr zu »Ungläubigen«, schlimmer noch als die Heiden. Nur noch den Judenchristen tut es weh, wenn so geredet wird und auch da nicht mehr allen. Man legt Wert auf die neuen, christlichen Sitten – alles Jüdische ist überholt.
So einfach kann es sich Paulus nicht machen, er würde sich von seiner Wurzel abschneiden. So einfach sollen es sich die Christen nicht machen. Denn es geht um alles: um Menschen ebenso wie um Gott. Was wäre das für ein Gott, der seine Verheißungen einfach zurücknähme? Könntet ihr an einen solchen Gott glauben, auf ihn bauen? Wer sollte seine Liebe als Lebensgrundlage nehmen können, wenn die so gründlich aufgehoben werden kann?
Und wer das Eigene bedroht sieht, wenn von den anderen die Rede ist, reagiert nicht sachlich, sondern persönlich – die bittere Geschichte solcher persönlichen Reaktionen ist die Geschichte von Pogromen und bösen Legenden über »die Juden« und Bildern von Juden in und an manchen Kirchen.

Paulus besteht darauf und ruft es der Gemeinde in Rom in Erinnerung: Gott hat Israel ewige Zuwendung versprochen, hat den Messias verheißen – das muss auch weiter gelten. Israel kann Gott vertrauen, er ist nicht wortbrüchig.

»Im Lauf der Jahre spürte er, wie viel von seinem Vater in ihm war. Manches davon, so merkte er widerwillig, gehörte zu dem, was ihn anderen wertvoll machte. Das war es wohl, was im Lauf der Zeit das Bild des Vaters in ihm änderte. Was er ihm verdankte, spürte er wieder, konnte es nach langer Zeit auch aussprechen. Sie kamen nie mehr wirklich zusammen, er aber lernte, den Weg anzunehmen, der er gegangen war, um er selbst zu sein, spürte wohl auch: Ich wäre nicht, der ich bin, ohne diesen schmerzhaften Weg. Und spürte auch, wie viel Schmerz er dem Vater bereitet hatte.«

Es geht Paulus um die Juden und die Christen: Ihr fühlt euch so selbstverständlich als Christen, dass ihr meint, bessere Gläubige zu sein als die Juden. Was meint ihr, wäre aus euch geworden, wenn ganz Israel Jesus angenommen hätte? Ihr hättet nie die Chance gehabt, von Jesus zu hören! Es ist euer Glück, dass sie so blind waren. Und ich sage euch: Es ist nicht einfach Glück – es ist Gottes Wille! Er will, dass alle Menschen gerettet werden, dass alle an ihn glauben – deswegen hat er seinem Volk die Augen verschlossen. Nur so kam das Evangelium zu euch. Erhebt euch also nicht über die Juden – ohne sie und ihre gebundenen Augen wärt ihr nicht, was ihr seid! Ob Gott sie verstockt hat oder angesichts ihrer Blindheit neue Wege ging – in jedem Fall hat er aus dem Schlimmen Gutes für uns werden lassen. Wie anders könnten wir Christen leben mit all dem Schlimmen der Geschichte der Kirche als mit der Zuversicht, dass Gott aus dem Schlimmsten Gutes werden lassen kann?

11. Sonntag nach Trinitatis
Das 2. Buch Samuel 12,1–10.13–15a

Uwe Rieske

Exegetisch-homiletische Skizze:

Die Perikope für den sommerlichen 11. Sonntag nach Trinitatis erzählt eine der interessantesten Konfrontationsgeschichten der Bibel. Faszinierend daran ist nicht nur das hier von Nathan beispielhaft entwickelte prophetische Wirken, das Israels Heil und Unheil durch die Geschichte begleitet. In dieser Geschichte begegnet nicht allein eine exemplarische Variante des Konflikts zwischen König und Prophet in Israel – insbesondere nach Sicht »einer späteren Prophetie« reagiert »Jahwe auf Königsunrecht sofort mit aller Schärfe« (F. Stolz, Das 1. und 2. Buch Samuel, Zürcher Bibelkommentare 1982, 240). Auch die sich dramatisch entwickelnde Geschichte vom Ausgang eines planmäßig ausgeführten königlichen Ehebruchs bleibt lediglich Rahmenhandlung für diese Geschichte von ganz eigenem Reiz. Höhepunkt und Pointe der Erzählung ist vielmehr die vom Propheten mit seinem Gleichnis dramatisch inszenierte Schulderkenntnis Davids, die dieser Erzählung ihre Faszination verleiht: »Alles wirkliche Leben ist Begegnung« (Martin Buber, Das dialogische Prinzip, Ich und Du, 1973, 15). Davids Begehren wandelte sich durch das ihm nachfolgende Tun, den Ehebruch und den Tod Urias in Schuld – nicht allein Bathseba, Uria und seinem erstgeborenen Kind gegenüber, sondern vor allem und maßgeblich vor Gott. Dessen Schuldaufweis formuliert der König zunächst in naivem Nichtverstehen selbst (V. 5), um sich dann unausweichlich selbst darin zu erkennen. Die von Nathan meisterlich vorbereitete eigene Schulderkenntnis des Königs vollzieht sich in einer dramatisch zugespitzten Begegnung und prophetischen Beziehung.

Die Perikopenordnung, die die Verse 11–12 dem Predigttext ausgliedert, entspricht der literarkritischen Erkenntnis, dass die Erzählung offenkun-

dig sekundär bearbeitet worden ist. Vermutlich wurden im Laufe der Überlieferung »sowohl Schuldaufweis als auch Unheilsankündigung Nathans weiter ausgeführt« (F. Stolz, Zürcher Bibelkommentar, 241). Darauf weist die doppelte Botenspruchformel in Vers 7 und Vers 11. Die Verse 11–12 »wollen zwar durch den einleitenden Botenspruch als eigene Einheit verstanden werden, weisen sich aber als erweiternder Zusatz dadurch aus, dass sie die Vergeltung für Ehebruch mit Bathseba beschreiben, ohne diesen hier zu nennen«. (Hans Joachim Stoebe, Das zweite Buch Samuelis, KAT VIII,2 (1994), 308) Dies alles muss dennoch nicht daran hindern, die beiden vielleicht sekundären Verse mit in den Predigttext hineinzunehmen. Der Sinn der konfrontierenden Nathansrede und auch die Pointe des Textes selbst werden dadurch nicht verändert.
Die unüberbietbare Pointe ist und bleibt eindeutig; auf vier Worte läuft die Erzählung zu: »Was alle Predigt voraussetzt, das erscheint hier im Predigttext selber: ›Du bist der Mann!‹, Tua res agitur!« (J. Christine Janowski, Predigtstudien 1984, VI, 2, 180). Nathan konfrontiert den jungen König Israels unausweichlich, weil durch zuvor formulierte Selbsterkenntnis mit dem Schuldspruch Gottes, der nach dem vorhergehenden 2 Sam 11, 27 zu erwarten war: »Aber dem Herrn missfiel die Tat, die David getan hatte.«
Es ist für diesen Aufweis die in der exegetischen Literatur diskutierte Frage unerheblich, ob man die von Nathan erzählte Geschichte vom Lamm und seinem Besitzer als ein »Gleichnis« bezeichnen darf. Gewiss ist mit ihr keine »Allegorie« vorhanden, »deren einzelne Züge ausdeutbar« wären, auch handelt es sich nicht um eine »Fabel« und nach H. J. Stoebe wohl nicht einmal um ein Gleichnis im engeren Sinne (wie andere Kommentare urteilen), sondern allenfalls um eine Parabel; diese literarische Gattung entwickelt eine erfundene Geschichte mit einem unerwarteten, überraschenden Geschehen, deren Vergleichspunkt zum Widerspruch reizt. In jedem Fall aber ist es »eine Geschichte aus dem Leben, ein Fall grober Willkür, wie er vorkommt«. Das Ziel dieser ersten vier Verse ist es, »David zur Einsicht in die Schwere seiner Verfehlung zu bringen« (KAT VIII, 2 (1994), 303f.). Anders gesagt: »Nathans ›Du bist der Mann‹« gehört »zu den treffendsten Worten der Bibel« (H. W. Hertzberg, ATD 10, Die Samuelbücher (1956), 252).

Damit ist in der Sommerfrische des August, in der viele Gemeindeglieder in Ferien sind, ein Wort unerschrockener Klarheit gesprochen, das in dieser unausweichlichen Schärfe vielleicht nicht einmal von 1 Mose 3,9 (»Wo bist du, Adam?«), 1 Mose 4,9 (»wo ist dein Bruder Abel?«) oder am Verrat des Petrus bei der Verhaftung Jesu (Luk 22, 61) erreicht wird. Diese Geschichte zieht unausweichlich in ihren eigenen Bann und stellt ihre entscheidende zweite Frage unausgesprochen ganz am Ende: »Und Nathan ging heim.« – Was aber bewegt David, der allein zurückbleibt, nachdem der Prophet gegangen ist?

Wo bietet die Geschichte Chancen zum homiletischen Transfer? Mir widerstrebt es, pastoral selbst in die prophetisch-schuldaufdeckende Rolle zu schlüpfen. Es kann uns kaum um eine wohlfeile Gemeindeanklage gehen. Eher lässt sich zum Nachdenken anregen: Was bewirkt eigene Schulderkenntnis? Wodurch wird sie ermöglicht und was motiviert und begünstigt unsere Ausweichbewegungen? Welche Gleichnisse und welche Begegnungsformen haben die Chance, uns oder den Unseren Augen zu öffnen für eine schmerzhafte, aber heilsame und befreiende Selbsterkenntnis?

Predigtidee

»Das Ich wird zum Ich erst an der Begegnung mit dem Du« (M. Buber) – das entscheidende Wort, das zum Erkennen führt, können wir uns nicht selbst sagen.

Predigtthema

Schulderkenntnis und Selbstwahrnehmung

Vorschläge zur Liturgie

Wochenspruch / Votum

Alle aber miteinander haltet fest an der Demut; denn Gott widersteht den Hochmütigen, aber den Demütigen gibt er Gnade. (1 Petr 5,5b)

Eingangsgebet

Gott, in diesen sommerlichen Tagen möchten wir leicht und unbeschwert leben.
Wir möchten uns an der Wärme freuen und sorglos sein.
Schenke uns Zeit und Freude, aber nicht um den Preis der Leichtfertigkeit.
Lass uns Muße genießen, aber nicht in Trägheit verfallen.
Lass uns in Freiheit annehmen, was du uns bereitest,
aber nicht in Selbstsucht abgleiten.
Lass uns innehalten vor dir,
auf dass wir nicht dahinleben ohne Maß und Ziel.
Hilf uns erkennen, was gut ist für uns
und für die Menschen, die du uns anvertraust.
Lass uns leben vor dir,
verantwortlich umgehen mit der Zeit, die uns bleibt,
mit der Schöpfung, die du uns anvertraust,
und mit Menschen, die uns nahe sind.
Amen.

Psalm:Ps 113 (EG)

Lesungen

Die Epistel aus Eph 2, 4–10 verweist darauf, dass christliches Leben sich allein aus Gottes Gnade im Handeln der Christen realisiert. Das Evangelium Lk 18, 9–14 passt zur Geschichte des Predigttextes – aufrichtige eigene Schulderkenntnis überlässt das Aufrichten Gottes Hand.

Kyrie und Gloria

Herr, wir wenden uns zu dir aus unseren kleinen Fluchten vor dem, was uns hart ankommt. Wir bekennen dir unser Ausweichen, wenn du uns bewegen willst.
Wir legen vor dich unsere Neigung zu Lethargie und Trägheit. Öffne unsere Augen. Öffne unsere Herzen. Kyrie eleison.

Herr, du bist uns nahe, wo wir es selbst nicht mit uns aushalten. Du schenkst uns Nähe, wo wir unser Versagen erkennen und kaum ertragen. Du nimmst unsere Schuld auf dich und lässt uns leben vor dir. Du wandelst unsere Schwäche in Stärke und führst uns ins Weite. Ehre sei dir in der Höhe.

Lieder

Vorgeschlagen ist als Wochenlied Martin Luthers »Aus tiefer Not schrei ich zu dir« (EG 299), das deutlich die Pointe von Davids Schulderkenntnis aufnimmt. Damit solcher Tenor nicht in Pathos umschlägt, lässt sich neueres Liedgut einbeziehen, z. B. EG 673 (Regionalteil Rheinland): »Ich lobe meinen Gott, der aus der Tiefe mich holt«; zum thematischen Fokus passt auch EG 600 (Regionalteil Rheinland): »Meine engen Grenzen«. Nach der Predigt eignet sich gut ein Paul-Gerhardt-Lied, etwa EG 361: »Befiehl du deine Wege«.

Fürbittengebet

Herr, wir sind Menschen und suchen eigenes Glück. Oft achten wir kurzsichtig nur auf eigenen Vorteil. Öffne uns die Augen für Menschen, die uns brauchen. Lass uns Verantwortung wahrnehmen und hilf uns dabei, sie kreativ umzusetzen.
Lass uns das Gute sehen und es tun, weil es gut ist und nicht, weil wir uns dazu drängeln lassen. Lass uns einander zuwenden, wenn wir Aufmerksamkeit brauchen. Dass wir Entscheidungen treffen, die unser Leben befreien aus der Gewohnheit, die uns festlegt.
Herr, unsere Welt liegt im Argen. Lass deinen Frieden in unseren Herzen mächtig werden und hilf uns, dass wir Frieden suchen und Versöhnung. Lass die Religionen Wege der Verständigung suchen und nicht des Hasses, auf dass Konflikte nicht in Gewaltspiralen münden. Lass uns den Respekt für andere fördern, damit dein Geist der Liebe mächtig wird.
Herr, wir bitten dich für die Menschen, die uns nahe sind. Wir bitten dich um den Mut zur Aufrichtigkeit. Lass unsere Lebensbeziehungen und Partnerschaften gelingen. Gib uns den Geist der Achtsamkeit, der Liebe und der Zuwendung, auf dass wir einander eine Stütze sind.
Wir bitten dich, erhöre uns.

Möglicher Anfang

Mal ehrlich: Wann eigentlich regt sich bei Ihnen ein schlechtes Gewissen? Geht es Ihnen auch so, dass Sie unruhig werden, wenn Sie bei einer Verkehrskontrolle angehalten werden und überlegen, ob alle Papiere an Bord sind und die Geschwindigkeit angemessen war? Bei anderen regt sich ein schlechtes Gewissen, wenn die Kassiererin im Supermarkt zu viel Wechselgeld herausgab, aber man es bereits eingesteckt hat. Ein schlechtes Gewissen meldet sich, wenn man zu einer Notlüge Zuflucht nimmt. Aber es gibt auch Menschen, die bei der Steuererklärung eine Urlaubsreise als Dienstreise ausgeben und dies nicht als Unrecht sehen, sondern eher als Cleverness. Es ist unterschiedlich, wie und wobei Menschen ein schlechtes Gewissen haben – aber gemeinsam an diesen Lagen ist: Es fühlt sich nicht gut an. Man möchte ausweichen, schnell und hinreichend Erklärungen und Ausflüchte finden, die sofort Entlastung bringen; Schuld ist etwas, das man nicht zulassen und haben will, das man gerne und möglichst effizient auf die Umstände oder auf andere Menschen verteilt. Die sollen das tragen. An ihnen liegt es. Man versucht ihm schnell auszuweichen, dem schlechten Gewissen, möglichst endgültig.
Schuldgefühle sind auch unserer Alltags-Psychologie suspekt: Wohlmeinende Stimmen machen anderen gern klar, dass Schuldgefühle unfrei machen, ungut niederdrücken und zu Dingen bringen, die gar nicht angemessen sind. Zugegeben: Das gibt es durchaus, ein unangemessenes Schuldgefühl. Aber ebenso gibt es auch sie tatsächlich: Schuld, die als solche bekannt und angenommen sein will, weil erst durch das Bekenntnis zu ihr der Blick wieder frei wird.

Das ist kein leichter Weg. Schuld annehmen und mit ihr in der rechten Weise umgehen, sie tragen, ohne von ihr ganz niedergedrückt zu werden, ist schwer. Das wissen wir. Deswegen gehen wir ihr gern schon vorher gründlich aus dem Weg. Oft klappt das. Aber manchmal gibt es Menschen in unserer Umgebung, die das nicht zulassen, die uns die Augen öffnen. Zuweilen ist auch das nicht leicht, weil solche Bemühungen schnell durchschaut werden. Aber es liegt ein Versprechen in der Schulderkenntnis. Wer sie zulässt, lebt ehrlicher und wird stärker und schließlich auch freier.

Unser Predigttext erzählt von einer Begegnung, in der es gelingt, Schuld aufzudecken und zu erkennen. Es ist eine der eindrucksvollsten Begegnungsgeschichten der Bibel, die uns heute mitgegeben ist.
Lesung des Predigttextes

Zum weiteren Verlauf

Im Folgenden sollte die Rahmenerzählung von David, Bathseba und Uria und die Dramatik der in sie eingebetteten Geschichte und ihre Pointe mit eigenen Worten nochmals erzählt werden. Die geschickte Konfrontation des Propheten mit Hilfe des Gleichnisses soll deutlich werden. Sodann geht es um den Transfer: Benannt werden eigene Maskierungsbemühungen, Schuld nicht zu erkennen.

Möglicher Schluss

Manchmal braucht es andere Menschen, die uns Augen öffnen. Von außen betrachtet ist es einfach erzählt, was hier passiert. Nathan bringt David zur Einsicht. Wie gelingt ihm das? Es hängt offensichtlich an mehreren Umständen. Zunächst braucht es ein Grundvertrauen zwischen beiden. David muss Nathan zuhören und sich einlassen auf diese Geschichte. Allein Menschen, von denen man annimmt, dass sie das Gute für einen wollen, bekommen diese Chance. Aber auch dann ist sie leicht verspielt. Ein vorwurfsvoller Ton, eine anmaßende Haltung, ein Argument, das von oben herab gesprochen wird, reichen oft aus, die Mauer der Abwehr hochzuziehen. Jemandem die Augen öffnen, verlangt ein Gespräch auf Augenhöhe, Geschick und das deutliche Interesse: »Es geht mir um dich!« Nicht besserwisserisch, nicht weil ich dein Leben besser regeln kann, sondern weil du mir etwas bedeutest und dein Leben auch. Wo dies verstanden wird, kann es passieren, dass eine Botschaft ankommt, die Augen öffnet und das Herz auch. Nathan erledigt seine Aufgabe mit Nachdruck und kreativem Geschick. Er öffnet David damit den Weg zur ehrlichen Selbsterkenntnis und damit zu einer geklärten Gottesbeziehung, in der zutage tritt, was nicht verborgen bleiben darf.

So wie es morgens einen Wecker braucht, damit wir rechtzeitig aufstehen, so braucht es zuweilen offensichtlich Menschen, die uns Wahrheiten offen und konfrontativ vor Augen führen: »Jeder dumme Junge kann

einen Käfer zertreten, aber alle Professoren der Welt können keinen herstellen«, sagt ein chinesisches Sprichwort. Erst wenn wir wirklich annehmen, dass wir selbst wie dumme Jungen unsere Lebensbeziehungen gefährden und Lebensgrundlagen vernichten, niemand anders als wir selbst, erst dann kann sich aus dem Prozess des Erkennens eine Kursänderung entwickeln.
David jedenfalls kann nicht länger umhin. Hier muss etwas ans Licht und er muss die Folgen seiner Schulderkenntnis tragen. Es gibt hier kein Ausweichen mehr. Unbequem ist das, aber bei allen schlimmen Folgen der einzige Weg, der Zukunft öffnet und Stärke verleiht, ihr aufrichtig entgegenzugehen. Diese Erkenntnis lässt sich nicht mehr leugnen. Was fangen wir an mit dieser Geschichte? Warten wir auf den Propheten oder auf einen prophetischen Freund, der geschickt genug ist, auch unser Leben zu korrigieren? Und wenn er auftaucht, blocken wir dann ab oder hören wir zu? Vielleicht besteht auch die Chance, dass wir uns selbst zum Propheten werden und selbstkritisch unsere Ausweichbewegungen durchmustern, um auf neue Wege zu gelangen.

Schulderkenntnis ist schmerzhaft. Sie verlangt danach, genau erkannt und benannt zu sein. Aber wo dies passiert, ist sie befreiend und beugt falschen Sichtweisen vor. Sie ist der einzige Weg zur Aufrichtigkeit. Sie befreit zu einem Leben im Einklang mit uns selbst. Und mit Gott.
Amen.

Symbole, Aktionen

Ein Wecker oder eine Klangschale auf der Kanzel kann am Anfang zur Frage anregen, was es braucht, um uns zu wecken.

Kontexte

Als Glaubensbekenntnis eignet sich das »Credo« von Dorothee Sölle (http://www.beepworld.de u.ö.).

Credo
ich glaube an gott
der die welt nicht fertig geschaffen hat
wie ein ding das immer so bleiben muss
der nicht nach ewigen gesetzen regiert
die unabänderlich gelten
nicht nach natürlichen ordnungen
von armen und reichen
sachverständigen und uniformierten
herrschenden und ausgelieferten
ich glaube an gott
der den widerspruch des lebendigen will
und die veränderung aller zustände
durch unsere arbeit
durch unsere politik

ich glaube an jesus christus
der recht hatte als er
»ein einzelner der nichts machen kann«
genau wie wir
an der veränderung aller zustände arbeitete
und darüber zugrunde ging
an ihm messend erkenne ich
wie unsere intelligenz verkrüppelt
unsere fantasie erstickt
unsere anstrengung vertan ist
weil wir nicht leben wie er lebte
jeden tag habe ich angst
dass er umsonst gestorben ist
weil er in unseren kirchen verscharrt ist
weil wir seine revolution verraten haben
in gehorsam und angst
vor den behörden
ich glaube an jesus christus
der aufersteht in unser leben
dass wir frei werden
von vorurteilen und anmaßung

von angst und hass
und seine revolution weitertreiben
auf sein reich hin

ich glaube an den geist
der mit jesus in die welt gekommen ist
an die gemeinschaft aller völker
und unsere verantwortung für das
was aus unserer erde wird
ein tal voll jammer hunger und gewalt
oder die stadt gottes
ich glaube an den gerechten frieden
der herstellbar ist
an die möglichkeit eines sinnvollen lebens
für alle menschen
an die zukunft dieser welt gottes
amen.

Tipps zum Text

Martin Buber: Ich und Du, Heidelberg 1983 u. ö.; Ein wunderbares Gedicht zum Thema: Peter Rühmkorf: »Bleib erschütterbar – und widersteh!« (Reinbek 1984 u. ö.)

12. Sonntag nach Trinitatis
Der 1. Brief an die Gemeinde in Korinth 3,9–15

Christel Weber

Exegetisch-homiletische Skizze

das Haus...
Paulus ist an der Logik und den Details des Haus-Bildes auffallend wenig interessiert.
Vier unterschiedliche Personen(-gruppen) werden in dem z. T. unscharfen Bild genannt: Eindeutig ist die Grundmauer, es ist Christus selbst. Paulus ist der »weise Architekt«, der sie gelegt hat; er hat die Gemeinde gegründet. Andere sollen auf diesem Grund aufbauen; sie werden Gottes Mitarbeiter genannt, aber nicht weiter qualifiziert. Der Kontext legt nahe, dass Apollos, der in der Abwesenheit von Paulus zu einer Führungsfigur in Korinth aufgestiegen ist, dazugehört; es kann aber »jede und jeder« sein (V. 10). Damit verwischt die Grenze zu den korinthischen Gemeindegliedern, die als »Gottes Bau« bezeichnet werden. Sie verwischt im Laufe der Belehrung weiter, weil auch Paulus immer grundsätzlicher wird, so dass wir gut tun, den Kreis der damals Genannten und deswegen auch den Kreis unserer Adressaten nicht auf Gemeindefunktionäre und ihre Gefolgschaften zu begrenzen.

Paulus hat den Menschen in Korinth das Evangelium von Jesus Christus gebracht; er hat den Grund gelegt. Auf diesen Grund verweist er in den ersten Versen nachdrücklich. Dann reißt der Film abrupt, und wir finden uns bei der endzeitlichen ›Bauabnahme‹ wieder. Was zwischen Grundsteinlegung und Bauabnahme passiert oder passieren soll, teilt Paulus uns nicht mit. Er erwähnt keinen Bauplan, keine statische Berechnung und denkt nicht über Handwerkszeug nach. Ist Paulus das vielleicht alles egal: »Ein jeder sehe zu, wie er darauf baut.« (V. 10) Was soll das für ein Bau sein?

Paulus hat die Gemeinde in Korinth im Blick; sie ist ein heterogener Haufen, die Gemeindeglieder kommen aus den unterschiedlichsten Milieus der lärmenden Hafenstadt. Entsprechend stelle ich mir den Bau vor: mit vielen Eingängen, Streit um Räume, mit Trampelspuren auf dem Estrich, und irgendwo sind schon wieder frische Steine gestapelt. Sehen unsere Gemeinde-Baustellen heute anders aus? Als Gemeindeberaterin bemühe ich mich dem Chaos Herr zu werden: Ein Bauplan für alle! Eine Konzeption muss her! Das ist aber Paulus' Art zu denken nicht. Ihn interessiert nur der Anfang und das Ende: Der Grund ist gelegt, und die Bauabnahme kommt. Dazwischen mag es vorangehen – irgendwie?

der Grund ...

Der »Grund« ist eigentlich eine Grundmauer. Heute wäre es vermutlich das gegossene Fundament. Paulus sagt, das ist Christus selbst. Und entscheidend ist, dass es schon gelegt ist. Christus ist in meinem Leben bereits Wirklichkeit. Niemand hat die Kraft (genauer als »kann«, V. 11) das zu ändern. Er ist das Anfangsdatum jeder Gemeinde, er ist der Grund unseres persönlichen Lebens, der feste Boden unter unseren Füßen. Daran erinnern wir uns z. B. durch das Eingangsvotum zu Beginn eines Gottesdienstes, durch das Tischgebet vor einer Mahlzeit, allen voran durch die Taufe: Gott schließt einen Bund mit uns, an dem er – das ist versprochen – immer festhalten wird. Wenn auch ich mich daran festhalte, spüre ich den sicheren Grund, auf dem ich stehe. Und wenn ich sicher stehe, dann wirft mich so leicht nichts um. Ich habe meinen Kopf und meine Hände frei für das, was kommt.

das Feuer...

Ab Vers 12 kommt ein weiteres Bild hinzu. Es beschreibt die ›Bauabnahme‹, das Gericht Gottes am Ende der Tage. Für jeden Bau kommt einmal die Stunde der Wahrheit! Dann wird der »Feuer-Test« zeigen, ob Material und Ausführung der Gewerke Bestand haben, ob die Bauleute schlecht oder gut gearbeitet haben.

Im Bild vom Feuer haben wir es mit einer der wenigen Gerichtsvorstellungen im NT zu tun. In seiner Überlieferung hat es sich von seinem Kontext, der ›Baustelle Gemeinde‹, weitgehend gelöst. Es darf nicht unerwähnt bleiben, dass der Missbrauch dieses Bildes Menschen verängstigt, sie mit einem realen (Fege-)Feuer bedroht und in viele tatsächlich mordende Feuer Öl gegossen hat. Trotzdem finde ich das Bild nach wie vor gut gewählt: Person und Werk werden voneinander getrennt; unser Werk verbrennt, unsere Person (aber eben) nicht. Allerdings müssen wir »wie durch's Feuer hindurch« (V. 15): wir werden mit der Wahrheit über unser Leben konfrontiert und erleben u. U. mit Erstaunen und Erschrecken, wie verbrennt, woran unser Herz hängt. Das wird wehtun aber zugleich befreiend sein – so wie auch Jesus überzeugt ist: »Die Wahrheit wird euch frei machen.« (Johannes 8,32). Gericht und Rettung sind am Ende ein und dasselbe – wie zwei Seiten einer Medaille. Darum ist das »Feuer« zugleich eine Metapher für Gottes Zorn wie für seine leidenschaftliche Liebe.

Offenbar, für alle klar ist das noch nicht: »Wir sehen jetzt durch einen Spiegel ein dunkles Bild, dann aber von Angesicht zu Angesicht«, schreibt Paulus einige Briefseiten später. Zum jetzigen Zeitpunkt wissen wir nicht, wie aus den Puzzlestücken unseres Lebens ein ganzes wird, wir haben noch keine Antworten auf alle Fragen, das, was keinen Bestand haben wird, klebt noch an uns. Erst wenn wir den »Feuertest« durchlaufen haben, ist unser Leben endgültig fertig. Vorher nicht. Vorher ist immer noch offen, wie das Urteil ausfällt. Nicht einmal in den Tod müssen wir »fertig« gehen (wie manche übereifrige Sterbebegleiter meinen), selbst da kann Gott noch etwas machen. Es ist eben Gott, der unser Leben in diesem reinigenden, befreienden Gericht zu Ende bringt – zu einem guten Ende, davon ist Paulus auch aufgrund seiner eigenen Bekehrung überzeugt (die Bekehrung des Saulus/Paulus ist Episteltext für diesen Sonntag). Und wenn wir darüber mal unsicher sind, dann sollen wir den Grund anschauen, auf dem wir stehen und uns freuen, dass er fest steht.

»dazwischen…«

Ich mache mir die verwischten Grenzen in dem Baustellenbild zunutze: Das Bild kann ich auf die Gemeinde anwenden. Dann mache ich deutlich, dass es zwischen Grundsteinlegung und Bauabnahme viel Freiheit gibt Gemeinde zu gestalten. Es kann im Streit aufgewühlte Gemeindeglieder trösten den gemeinsamen Grund zu spüren, es kann sie zum Nachdenken bringen, dass noch offen ist, was an unseren unterschiedlichen

Positionen vor Gott Bestand hat. Aber ich mache mir auch klar, dass Konflikte und Konkurrenz sich nicht konstruktiv umwandeln, wenn sie im Redemonopol Predigt religiös diffamiert werden.
Das Bild kann ich auf mein Leben beziehen. Dann müsste mir der Grund, auf dem ich stehe (der Taufbund/die Liebe Gottes), das Wichtigste sein und zugleich die Gewissheit, dass eines Tages Gott (allein) meinen Lebensbau angemessen beurteilt. Dazwischen Gelassenheit, die vielleicht so aussieht: Ich bemühe mich aufrichtig nach den Geboten Gottes zu leben, ich orientiere mich an der Liebe, von der ich schon weiß, dass sie bleibt (1 Korinther 13,13), aber ich suche nicht mehr krampfhaft nach einem Bauplan und nach dem vermeintlich einzig richtigen Weg für mich. Ich bleibe offen für Überraschungen, verkneife mir ein endgültiges Urteil – über meine Mitmenschen, aber auch über mich selbst und vertraue im Übrigen auf Gott, der mein Leben irgendwann gnädig in Ordnung bringen wird.

Predigtidee

Eine Geschichte erzählen von zwei Menschen, deren Urteil (heilsam) in's Wanken gerät.

Predigtthema

Das endgültige Urteil Gott überlassen, aber immer mit seiner Liebe rechnen.

Vorschläge zur Liturgie

Am Ende der Begrüßung

Ich bitte Sie alle aufzustehen und es mir nachzutun:
Ich strecke die Arme zur Erde.
Gott hat mir festen Boden unter den Füßen gegeben. Darauf stehe ich gut.
Ich strecke die Arme zur Seite.

Gott hat mir Mitmenschen gegeben. Sie halten und stützen mich.
Ich strecke die Arme nach oben.
Gott hat mir den Himmel gegeben. Ich bin sein Kind. Er liebt mich.

Fürbittengebet

Gott, Anfang und Ende bist du, Grund und Ziel unseres Lebens.
Wir danken dir, dass wir aus deiner Liebe nicht herausfallen können –
und bitten dich für alle, die keinen Halt mehr spüren,
weil sie verlassen oder entlassen wurden,
weil sie verraten wurden oder fliehen mussten,
zeig dich als der feste Boden unter ihren Füßen, der sie trägt,
wenn sie mit ihrem Schmerz weitergehen müssen oder sich wehren müssen.
Wir bitten dich für alle, die keine Zukunft mehr sehen,
weil sie schwer erkrankt sind, weil sie den Tod vor Augen haben,
weil sie keinen Sinn mehr sehen in dem, was sie tun.
Zeig ihnen, dass du ihr Leben jetzt erfüllst aber auch in allem, was kommt.
Gott, weil du allein Grund und Ziel bist,
bitten wir dich um Vorsicht,
damit wir nicht zu schnell sind in unserem Urteil.
Wir bitten dich um Rücksicht,
damit wir sensibel bleiben für die Menschen,
die wir mit unserem Urteil gekränkt haben.
Wir bitten dich um Nachsicht,
wenn unsere Zunge wieder einmal zu spitz war.
Wir bitten dich um die Aussicht,
dass eines Tages dein gnädiges Urteil uns alle umfängt.

Lieder: EG 664 Wir strecken uns nach dir (Ausgabe Rheinland, Westfalen, Lippe); EG 673 Ich lobe meinen Gott, der aus der Tiefe mich holt (Ausgabe Rheinland, Westfalen, Lippe); EG 289,1+2+5 Nun lob, mein Seel, den Herren; Lied 67 aus »mehr Lieder«, München 2000 (»Da berühren sich Himmel und Erde«).

Lesungen: wie in der Perikopenordnung vorgesehen Apg 9,1–20, Mk 7,31–37, Ps 147, 3–6.11–14a

Vorschlag zur Predigt

Möglicher Anfang

Liebe Gemeinde, urteilen Sie selbst: Eine Frau und ein Mann haben sich ineinander verliebt. Es ist auf einer Kur passiert. Gleich in der ersten Woche. Ganz schnell und ganz heftig. Jede freie Minute haben sie seitdem miteinander verbracht, geredet ohne Ende, den Gleichklang ihrer Herzen gespürt. Eine andere Welt hat sich aufgetan. So etwas haben sie noch nie erlebt. Alles wäre wunderbar, wenn die beiden nicht schon mit anderen Partnern verheiratet wären; und Kinder haben sie beide auch, kleine Kinder. Die letzten Tage der Kur brechen an. Was sollen sie tun? *(kleine Pause lassen)*

Es sind zwei fromme Menschen. Sie lesen regelmäßig in der Bibel, sie gehen sonntags in den Gottesdienst – die Gemeinde ist ihr Zuhause, fast alle ihre Freunde sind dort. Es steht viel auf dem Spiel. Das wissen die beiden. Sie beten, sie weinen viel, sie hadern auch mit Gott: wie kann es sein, dass sie in diese Lage kommen, wo doch Gott ihre Ehen gesegnet hat? Ist es eine Versuchung, der sie widerstehen müssen? »Du sollst nicht ehebrechen!« – das Gebot liegt hart und unerbittlich vor ihnen, und für sie gilt es. Doch was ist dieses Gebot gegen die Wucht ihrer Liebe? *(kleine Pause lassen)*

Sie fahren nach Hause, zurück in ihre Familien. Sie verheimlichen nichts. Auch den Freunden in der Gemeinde nicht. Die sind erst anteilnehmend und verbringen viel Zeit mit dem Versuch den Mann und die Frau wieder auf Kurs zu bringen. Doch die können einander nicht vergessen, es ist eben Liebe. Als die Gemeinden das merken, schlägt die Stimmung um: aus Anteilnahme wird Ablehnung. Freundinnen und Freunde ziehen sich zurück, schlagen sich ganz auf die Seite der verlassenen Partner, nur wenige halten den Kontakt und unterstützen auch die Kinder, die sichtbar leiden. Der Prediger der einen Gemeinde bittet die Frau von allen ihren Ämtern zurückzutreten, es sei für die Gemeinde nicht zumutbar, dass sie weiter das Abendmahl austeile. *(kleine Pause lassen)*

Die beiden klagen darüber nicht. Sie nehmen es hin als logische Folge ihrer unvernünftigen Liebe. Als die Situation nicht länger zu halten ist,

packen sie ihre Sachen, sie packt auch ihre Kinder, und sie ziehen vom einen Teil Deutschlands in den anderen, um dort mit nichts aber gemeinsam neu anzufangen. Zu Beginn ist es schwer: eine viel zu kleine Wohnung, keine Arbeit, alle entwurzelt. Aber sie sind fromm geblieben, und sie finden neben den harten Geboten auch Grund und Hilfe im Glauben: »Wenn es wirklich Liebe ist, dann kann es doch nicht gegen Gott sein...?!« *(kleine Pause lassen)*
Die beiden leben noch immer zusammen. Weitere gemeinsame Kinder sind dazugekommen. Ein anstrengender, lärmender Haushalt, aber sie sind glücklich miteinander. Der Mann sagt: »Ist es nicht eigenartig, dass gerade uns das passiert ist? Uns frommen Leuten, die wir immer gewusst haben, was richtig und was falsch war. Ich habe gedacht, mir kann so etwas nicht passieren. Unsere Liebe hat alles auf den Kopf gestellt. Die Wahrheit ist eben nichts ohne die Liebe...« *(kleine Pause lassen)*

Liebe Gemeinde, »Urteilen Sie selbst!« so habe ich angefangen – haben Sie Ihr Urteil gefällt? Nicht wahr, das ist schwer?! Aber was ist daran so schwer?
... dass wir selbst durch ein Wechselbad der Gefühle gehen und an einem ganz unvermuteten Punkt auftauchen...

Zum weiteren Verlauf

- dem Wechselbad unserer Gefühle nachgehen. Zu Beginn: Wir haben vielleicht noch Verständnis für die Liebelei in der Kur, aber wenig Verständnis dafür, dass sie ihre Familien aufgeben..., dann übernehmen wir die Anteilnahme der Gemeinde, später ihre Ablehnung (obwohl wir die Reaktion des Predigers vielleicht merkwürdig formal finden)... irgendwann achten wir den Entschluss des Paares, zollen ihrem Mut Respekt, und finden uns am Ende mit dem Mann selbst angefragt: Warum passiert uns genau das, was wir dachten, es könnte uns niemals passieren?
- Hier können noch andere, kurze Beispiele folgen, z. B. habe ich mich immer über die Eltern empört, deren Kinder sich an der Kasse des Supermarktes schreiend auf dem Boden wälzen, weil sie nicht bekommen, was sie möchten – so lange, bis mein eigenes Kind dort schreiend lag... Heute sage ich: Gott selbst hat mir diese Situation beschert...
- Mit Urteilen über andere sind wir schnell bei der Hand: sie haben ihre

Ehe zu früh aufgegeben, sie haben ihr Kind schlecht erzogen, sie sorgen nicht gut für ihre Eltern, sie sind als PresbyterIn in der Gemeinde nicht genügend präsent – in Korinth muss es ganz ähnlich zugegangen sein. Paulus mahnt zur Vorsicht: Gott allein wird das endgültige Urteil fällen. Das wird dann so sein wie in einem Feuer …

Möglicher Schluss

Manchmal urteilen wir auch über uns selber so harsch. Vielleicht haben wir es zuvor oft genug gehört: »Du kannst ja nichts!« Oder: »Du machst alles falsch!« Oder: »Wer bist du schon?« Und dann haben wir's irgendwann selbst geglaubt, dass wir nichts können, alles falsch machen und nichts sind. So ein Urteil sitzt tief, manchmal ist es noch festgefahrener als unser Urteil über jemand anderes. Aber auch hier sagt Gott: »Halt!« Und: »Wer bist du, dass du so unerbittlich über dich denkst? Ich allein, Gott, kann mir ein endgültiges Urteil erlauben. Und im Gegensatz zu dir bin ich gerecht und gnädig! Wart's ab!« Nicht wahr, liebe Gemeinde, so gesehen ist noch alles offen und noch alles möglich – auch für uns! Also: warten wir's ab! Und bis dieser Tag kommt, tun wir, was wir können, und freuen uns auf Schritt und Tritt darüber, dass Christus der feste Boden unter unseren Füßen ist.

13. Sonntag nach Trinitatis
Die Geschichte der Apostelinnen und Apostel 6,1-7

Monika Lehmann-Etzelmüller

Exegetisch-homiletische Skizze

Die Perikope schildert einen Konflikt in der Jerusalemer Urgemeinde und seine Lösung. In der Jerusalemer Gemeinde haben sich zwei Gruppen um das Evangelium von Jesus Christus geschart. Die Hebräer sind alteingesessene aramäischsprechende Judenchristen; die Hellenisten entstammen der griechischsprachigen Diaspora. Es war keine Seltenheit, dass griechisch sprechende Juden im Alter nach Jerusalem kamen, um dem Tempel nahe zu sein. Dies könnte eine Erklärung sein, warum sich gerade wegen der hellenistischen Witwen ein Konflikt anbahnt: sie werden beim »alltäglichen Dienst« übersehen. Bei dieser alltäglichen Diakonie (diakonein trapezais) ist wohl an eine tägliche Mahlzeit für Bedürftige nach jüdischem Vorbild zu denken. Wie man sich das »Übersehen« vorzustellen hat, wird nicht näher ausgeführt: möglicherweise wurden die hellenistischen Witwen nicht zu der Speisung hinzu geladen, weil hellenistische Familien, die im Alter nach Jerusalem gezogen waren, im Allgemeinen wohl als besser betucht angesehen werden konnten. Die Perikope beschreibt den Konflikt nicht genauer, macht aber deutlich, dass unter den Hellenisten Unzufriedenheit über den Missstand wach wird: sie beginnen zu »murren«. Mehr Interesse hat die Erzählung an der Konfliktlösung. Die Apostel zeichnen als Leiter der Gemeinde auch für den Tischdienst verantwortlich, sind aber von der Vielzahl der Aufgaben, die sich durch das Anwachsen der Gemeinde vermehren, überfordert. Sie können den »täglichen Dienst«, zumal in einer immer größer werdenden Gruppe, nicht übernehmen und begründen dies damit, dass es nicht recht sei, den Dienst am Wort zugunsten des alltäglichen Dienstes zu vernachlässigen. Die Zwölf berufen eine Gemeindeversammlung ein und unterbreiten einen konstruktiven Vorschlag, der auch in die

Tat umgesetzt wird. Sieben Männer werden ausgewählt, sich des alltäglichen Dienstes anzunehmen. Als Voraussetzung haben sie besondere Qualitäten mitzubringen, nämlich Geist und Weisheit. Die Sieben, die namentlich erwähnt werden, sind allesamt Hellenisten. Auffallend ist, dass die Sieben sich im Fortlauf der Apostelgeschichte auch in der Wortverkündigung hervortun; nach der Vertreibung der Hellenisten aus Jerusalem werden sie zu Protagonisten der Heidenmission (Stephanus in 6,8ff.; Philippus in Kap. 8 und alle wegen der Verfolgung Zerstreuten in 11,19f.). Dies halte ich für eine wichtige Beobachtung. Es wird deutlich, dass hier keine zwei getrennten Ämter begründet werden mit einer Vorrangstellung der Aufgabe der Verkündigung vor dem täglichen Dienst. Ganz im Gegenteil: die Perikope lässt eine deutliche Wertschätzung des Alltags und seiner Aufgaben erkennen. Die Gemeinde schwebt nicht im Wolkenkuckucksheim, wo »Irdisches« und Leibliches rasch zweitrangig wird, sondern sie ist geerdet und geht aufmerksam auf die Belange des Alltags ein. Durch die Berufung der Sieben wird keine Ämterhierarchie eingeführt. Beide Aufgaben bleiben eng aufeinander bezogen, gehören durch dieselben Voraussetzungen (Geist und Weisheit) zusammen und werden auch noch mit demselben Wort bezeichnet: diakonia. Beides ist Diakonie, das Ausrichten der guten Nachricht wie die Zuwendung in praktischer Hilfe. Das geistliche Wohl ist so wichtig wie die Leiblichkeit. Diese Gleichrangigkeit wird auch dadurch deutlich, dass das Inventar der Geschichte sich an nichts Geringerem als an alttestamentlichen Vorbildern der Berufung und Aufgabenübertragung orientiert: Zustimmung der Menge, Aussuchen der Kandidaten, Nennung ihrer Qualifikation, Gebet und Handauflegung (vgl. die Bestellung Josuas zum Nachfolger des Mose, Num 27,12–23 sowie die Berufung der 70 in Num 11). Gott jedenfalls gibt seinen Segen dazu: Die Perikope konstatiert am Schluss, dass das Wort Gottes sich ausbreitet und die Gemeinde wächst.

Die Perikope, die auf den ersten Blick etwas blutleer und wenig spannend daherkommt, macht bei genauerem Hinsehen der Predigt heute doch Angebote:

1. Auch heute gibt es in der Gemeinde Rivalitäten unter Gruppen, die ganz Verschiedenes brauchen. Die Erzählung geht Lösungswege, von denen man sich etwas abschauen kann.

2. Anhand von Beispielen aus der Geschichte oder dem Gemeindeleben kann die enge Verzahnung von Gemeinde und Diakonie herausgestellt werden. Die diakonischen Einrichtungen kosten Geld und Zeit, aber sie sind kein Ballast, sondern Teil der Verkündigung der Liebe Gottes an alle Menschen. In Predigt und Fürbitte kann sich die Wertschätzung für die oft übersehene und bisweilen gering geschätzte Arbeit der Menschen in diakonischen Einrichtungen ausdrücken.
3. Die Zusammengehörigkeit von contemplatio und actio, ora et labora lässt sich an Beispielen aus der Geschichte, der Gemeinde, aber auch dem persönlichen Leben entfalten und (neue) Freude an beidem wecken.

Die Perikope ist im Kreis des Kirchenjahres eingebettet neben dem Gleichnis vom Barmherzigen Samariter und der Meditation des 1. Johannesbriefes über die Liebe Gottes. Die Liebe zum Nächsten und die Fähigkeit, den nicht zu übersehen, der von anderen übersehen wird, ist ein wichtiger Fluchtpunkt der Perikope.

Auf diesen Beobachtungen fußt mein Ansatz für eine Predigt.

Predigtidee

Verkündigung und Barmherzigkeit gehören zusammen.

Predigtthema

Der Gedanke von der gegenseitigen Bezogenheit von Verkündigung und Barmherzigkeit wird anhand verschiedener Lebensorte der Predigthörer und Predigthörerinnen ausgeführt: der Kirche, der konkreten Ortsgemeinde und des persönlichen Lebens.

Vorschläge für die Liturgie

Eingangsgebet

Wie schön ist es, in deiner Kirche zu singen,
tief Luft zu holen und mit den anderen einzustimmen
in ein Lied, das dich lobt.

Lass das Lob in mir nicht verstummen,
am Sonntag nicht und auch nicht im Alltag.
Dich will ich loben, Gott,
im Singen und im Beten,
mit meiner Arbeit und mit meinem Tun,
mit Worten voller Hoffnung
und mit Händen voller Liebe.
Dein Lob, Gott, lege in mein Herz und in mein Leben.
Amen.

Tagesgebet

Lege deine Weisheit, Gott,
in meine Gedanken.
Lege deine Wachsamkeit in meine Begegnungen.
Lege deine Wärme in meine Worte.
Lege deine Kraft in meine Arbeit.
Lege deinen Frieden in mein Ausruhen.
Lege deine Liebe in all mein Tun.
Amen.

Fürbittengebet

Gütiger Gott,
du bist ein Gott, der barmherzig ist,
mit liebevollen Händen hast du diese Erde erschaffen.
Lege deine Barmherzigkeit in unser Herz,
dass es aufwacht aus seiner Kälte und Gleichgültigkeit
und sich sorgt
um die Luft, die wir atmen,
um die Bäume, die uns beschatten,
um das Wasser, das unseren Durst stillt.

Jesus Christus,
du hast uns Hoffnung gegeben, Hoffnung für unser Leben und für unser Sterben,
lass uns mit dir träumen von einer anderen Welt,
gib unseren Worten deine Hoffnung,
gib uns Weisheit, dich zu denken,

gib uns Mut, von dir zu erzählen,
lehre unsere Hoffnung fliegen
und verleihe unseren Träumen Flügel.

Gott der Liebe,
neue Anfänge bringst du und Farbe in unser Leben,
lege deinen liebevollen Geist in alles, was wir tun,
dass wir aufmerksam werden für die Menschen um uns her.
Gib deine Kraft allen Menschen, die für andere da sind:
Den Erzieherinnen und Erziehern im Kindergarten,
dass sie ihre Arbeit gern tun,
den Mitarbeitern in den Beratungsstellen,
dass sie nicht müde werden,
den Krankenschwestern und Pflegern in der Sozialstation,
dass sie nicht zerrieben werden im engmaschigen Netz ihrer Pflichten.
Gib allen, die dein Wort verkünden,
Ideen, Einfühlungsvermögen und Liebe für ihre Aufgabe,
dass sie fröhlich und glaubwürdig von dir erzählen.
Amen.

Lieder: EG 454 Auf und macht die Herzen weit; EG 324, 1–2, 11–13 Ich singe dir mit Herz und Mund; EG 343 Ich ruf zu dir, Herr Jesu Christ; EG 272 Ich lobe meinen Gott; EG 662 (Baden) Schenk uns Weisheit, schenk uns Mut.
Zur Lesung des Evangeliums abwechselnd Abschnitte der Lesung und dazu passend die Strophen: Zwischen Jericho und Jerusalem liegt der Weg der Barmherzigkeit, EG 662 (Baden).

Vorschlag zur Predigt

Möglicher Anfang

Stutzig werde ich, wenn ich diese Geschichte höre. Immerhin geht es um die allererste Gemeinde, die an diesem besonderen Ort Jerusalem zusammenkommt. Ich stelle sie mir als eine Gemeinde vor, in der Einheit und Liebe herrschen und jeder auf den anderen Rücksicht nimmt. Vielleicht hat Lukas ja auch so gedacht, denn er lässt nicht gerade die

Fetzen fliegen, als er den Konflikt in Jerusalem beschreibt. Ein Konflikt in der ersten Gemeinde in Jerusalem, Mutter und Urbild aller christlichen Gemeinden. Irgendwie ist das doch tröstlich. Wenn wir uns in unserer Gemeinde immer mal wieder in die Wolle kriegen, weil Menschen verschieden sind und eben auch ganz Verschiedenes wollen, ist das ein Trost. In Jerusalem war es auch nicht anders, bei den Jüngern, Aposteln und ersten Missionaren.

Zum weiteren Verlauf

Es wird erzählt, worum es bei dem Konflikt geht und wie die Lösung der Gemeinde aussieht.
Konflikte haben ihr Gutes, wenn etwas klar wird, was vorher verborgen und unausgesprochen war. Die Gemeindevorsteher in Jerusalem haben erkannt: Verkündigung und Barmherzigkeit, das gehört zusammen. Das muss schon beides da sein, wenn es Gott gefallen soll. Gottes Wort verkündigen und dabei über die Mitmenschen hinwegsehen, das geht nicht gut. Ein wichtiges Amt bekleiden und die täglichen Belange des Alltags gering schätzen, das kann kein Weg sein. Verkündigung und Barmherzigkeit gehören zusammen. Es gibt keine Gotteserkenntnis ohne Barmherzigkeit.

Die Predigt kann dann diesen Kerngedanken anhand der drei Lebensorte Kirche, Ortsgemeinde und persönliches Leben entfalten.

Verkündigung und Barmherzigkeit gehören zusammen. Das gilt für die Kirche. Die Verkündigung des Wortes Gottes braucht die Arbeit der Diakonie. Die Diakonie ist das gütige Gesicht der Kirche. In ihren Arbeitsfeldern zeigt sich, dass das Fest des Lebens in unseren Gottesdiensten nicht gleichgültig ist angesichts der Belange des Alltags, dass das Wohl des Leibes so wichtig ist wie das Wohl des Geistes. Vielen Menschen begegnet die Güte und Freundlichkeit Gottes in der konkreten Zuwendung durch andere Menschen: durch Schuldnerberater, die einen Ausweg aus der Krise zeigen, durch Erzieherinnen, die sich liebevoll und geduldig Kinder zuwenden, durch Pfleger und Krankenschwestern, die sich fürsorglich und kompetent Kranker und Schwacher annehmen, durch ehrenamtliche Mitarbeiter im Hospiz, die in den letzten Wochen und Tagen sich der Angst und den Schmerzen entgegenstellen. Durch ihr Handeln geschieht nicht nur Verkündigung, sondern es ist Verkündigung. Verkündigung ist wie eine Münze, auf der auf der einen Seite das Wort, auf der anderen Seite die Tat steht. Das, was gesagt wird, und das, was getan wird, beides muss uns in die Tiefe führen: die Tiefe der Botschaft Jesu, die Tiefe der Wahrheit unseres Glaubens und Hoffens und in die Tiefe unserer Existenz.

Aber die Barmherzigkeit braucht ebenso die Verkündigung. Die Diakonie braucht die ausgesprochene Botschaft des Evangeliums. Ihre Bezogenheit auf das Evangelium macht die Arbeit der Diakonie unterscheidbar von anderer Arbeit, sogar wenn diese Arbeit äußerlich betrachtet genau dieselbe ist. In unserer Zeit streben viele diakonische Einrichtungen nach Selbstständigkeit und werden zu Vereinen. Wenn diese Tendenz sich fortsetzt, werden viele diakonische Einrichtungen glauben, die Kirche nicht mehr zu brauchen. Doch dann wird die Arbeit in den diakonischen Einrichtungen beliebig. Andere könnten sie genauso tun. Wie wichtig ist es darum, den Geist des Evangeliums lebendig sein zu lassen, ihn zu bewahren in dem, was wir tun, im Handeln unserer Kirche. Der Geist, aus dem heraus das diakonische Handeln geschieht, wird eben dieses Handeln prägen.

Verkündigung und Barmherzigkeit gehören zusammen. Das gilt für unsere Gemeinde.

Hier können konkrete diakonische Aufgaben in der Ortsgemeinde angesprochen werden. Viele Gemeinden haben einen Kindergarten. Wird dieser nur als Ballast und Kostenfaktor wahrgenommen? Dagegen steht die Aussage eines Ältesten: Wenn wir nichts mehr für die Kinder tun, dann können wir die Kirche auch gleich zumachen. Und umgekehrt: geschieht die Arbeit im Kindergarten im Bewusstsein, dass hier das Evangelium gelebt und ausgerichtet wird? Wie kann deutlicher werden, dass der Kindergarten ein evangelischer Kindergarten ist? Wie kann betont werden, dass der Kindergarten ein Ort der Gemeinde ist – durch einen Tag der offenen Tür, Besuche von Gemeindegruppen in der Einrichtung, ein gemeinsames Fest?
Solche Überlegungen lassen sich auch für andere Einrichtungen durchdenken. Dabei ist wichtig, dass Argumente, die gegen diese »alltägliche Diakonie« vorgebracht werden, wertschätzend bedacht und nicht mit dem Evangelium erschlagen werden.

Verkündigung und Barmherzigkeit gehören zusammen. Das gilt für unsere Kirche. Das gilt für unsere Gemeinde. Das gilt aber auch für uns, für unser ganz persönliches Leben.

Jeder Christ, jede Christin ist beauftragt, mit dem eigenen Leben Zeugnis zu geben. Doch viele sind verunsichert: wie kann ich meinen Glauben weitergeben, den ich selbst nur noch halb zu besitzen scheine. Jemandem etwas Liebes zu tun, konkret zu helfen, das scheint dann so viel einfacher zu sein, als über den Glauben zu reden. Es besteht die Gefahr, dass wir verstummen, in unserem persönlichen Umfeld, aber auch in der Gesellschaft. Auch in unserem Handeln wird dann nicht mehr erkennbar sein, dass wir nicht aus uns selbst schöpfen, sondern aus der Kraft Gottes. Ein verstummter Glaube verliert seine Kraft.

Viele von uns haben im Alltag mit Kindern zu tun. Wenige Rituale des Alltags können für Kinder ein Haus des Glaubens bauen, in dem sie wachsen können: das Abendgebet vor dem Einschlafen, das Dankgebet vor dem Essen, das Vorlesen aus der Kinderbibel, der Besuch geeigneter Gottesdienste, das Aufwachsen in der Gemeinde, im Rhythmus des Kirchenjahres. Wir haben Geschichten der Hoffnung zu erzählen, wir können in Zeiten und Rhythmen leben, die Geborgenheit und Halt geben.

Eine Frau aus unserer Gemeinde arbeitet im Einzelhandel. Als es kürzlich in der Betriebsversammlung darum ging, dass das Geschäft am verkaufsoffenen Sonntag geöffnet sein soll, da hat sie all ihren Mut zusammengenommen und gesagt: »Am Sonntag komme ich nicht. Der Sonntag gehört dem Gottesdienst und meiner Familie.« Das hat sie viel Überwindung gekostet, und ich bewundere sie für diesen Mut.

Als in der Schule die letzte Weihnachtsfeier geplant wurde, stand eine Mutter auf und sagte: »Eine Weihnachtsfeier mit dem Weihnachtsmann, aber ohne Maria und Josef und das Jesuskind ist für mich keine Weihnachtsfeier. Meine Kinder brauchen größere Hoffnungen als den Weihnachtsmann.«

Solche Stimmen sind so wichtig. Auch meine Stimme. Auch Ihre Stimme. Auch deine Stimme.

Möglicher Schluss

Wenn wir von Gott erzählen, gehört beides zusammen:
Die Liebe, von denen Geschichten erzählen, und die Liebe, die in kleinen Gesten und konkreter Hilfe erfahrbar wird.
Unser Reden und Tun kann von der tiefen Barmherzigkeit Gottes geprägt sein, einer Barmherzigkeit, die allem gilt, was lebt: Mitmenschen, Tiere und Pflanzen.

Gott will nicht, dass wir verstummen. Er will, dass wir einstimmen in das Lob der Engel und das Lied der Erde, in die uralten Worte des Glaubens, Worte der Hoffnung und Worte der Güte.
Ich lobe meinen Gott von ganzem Herzen. Erzählen will ich von allen seinen Wundern und rühmen seinen Namen. Ich lobe meinen Gott von ganzem Herzen. Ich freue mich und bin fröhlich, Herr, in dir. Lasst uns darum einstimmen in diese Worte und mit Gottes Segen ein Segen sein für diese Welt. Amen.

Gestaltungsidee

Laden Sie zum Predigtnachgespräch Mitarbeiter/innen der diakonischen Einrichtungen Ihrer Kirchengemeinde ein.

14. Sonntag nach Trinitatis

Der 1. Brief an die Gemeinde in Thessalonich 5,14–24

Bernd Niss

Exegetisch-homiletische Skizze

Die Gemeinde in Thessalonich soll Paulus' Lieblingskind sein. Er freut sich über ihre Glaubensverbindlichkeit. Der Gedanke, dass die Gemeinde im Glauben nachlassen könnte, macht ihn geradezu nervös (1 Thess 3,5). Von Lieblingskindern erwartet man gewöhnlich Außergewöhnliches. Paulus schreibt der Gemeinde darum einen ganzen Katalog seiner Ideen für ein gottgefälliges Leben in Thessalonich. »Gott will, dass ihr heilig seid.« (1 Thess 4,2) So sieht sein Brief in Teilen mehr nach einer klösterlichen Ordensregel aus als nach Wegweisung für freundliche Christen in der Welt. Sein Vorhaben ist, die Gemeinde »völlig unversehrt, fehlerlos an Geist, Seele und Leib« bewahrt zu wissen »für den Tag, an dem Jesus Christus, unser Herr, kommt« (1 Thess 5,24). Der Herr kommt bald, darauf sollen sie sich vorbereiten. Die Gemeinden zur Zeit des Paulus haben eine mit Händen zu greifende Ankunft Jesu vor Augen, heute ist die Erwartung des »bald« in den Hintergrund geraten. Die Zeit für ein fehlerloses Leben wird lang. Wie sollen wir die Ermahnungen des Paulus ernst nehmen, wenn kein halbwegs realistischer Mensch heute nur die Hälfte davon zu beherzigen in der Lage sein dürfte?
Die paulinischen Ermahnungen bleiben aktuell bzw. sind zeitlos. Sie zu predigen bedeutet, nicht nur einzelne Ermahnungen auf ihre heutige Geltung zu befragen, sondern auch die Gattung der Ermahnung an sich. Paränesen im Allgemeinen meinen meist »einen (guten, oft auch eindringlichen) Rat erteilen«, wozu die gebrauchten Begriffe von unterweisen, lehren, trösten und ermahnen passen. (Vgl. Popkes, Wiard: Paränese und Neues Testament, SBS 168, Stuttgart 1996, S. 13) Das Thema des Sonntags »Wir sind Kinder Gottes« (und auch ein bisschen die Kinder des Paulus) macht es leicht über Ermahnungen nachzudenken. Kinder wurden und

werden von ihren Eltern ermahnt. Auch wenn dieser Begriff innerhalb der Pädagogik verpönt ist, bleibt das Faktum der Ermahnung Bestandteil jeder Erziehung. Wobei die Erziehung durch Ermahnungen weniger ein Prinzip darstellt als vielleicht mehr ein Reflex: »den Kindern soll es doch gut gehen«. Doch statt zu sagen »Ich will, dass es dir gut geht, weil ich dich lieb habe.« kommt dabei häufig die Ermahnung heraus, dies oder jenes zu tun oder zu lassen, was nach Elternmeinung dazu dient, dass es den Kindern gut geht und in Zukunft gut gehen wird. Ermahnungen sind etwas umständlich ausgedrückte Liebesbekenntnisse. Die Worte des Paulus als solche zu lesen und als Ausdruck der Liebe Gottes, macht die schwere Kost des Predigttextes (hoffentlich) zu einer vergnüglichen Mahlzeit mit hohem Nährwert.

Predigtidee

Wir sind Gottes Kinder, als solche werden wir oft (von Paulus) ermahnt. Seine Ermahnungen sind umständliche Liebesbekenntnisse, für die wir dankbar sein können. Die Predigt soll ein paar Ermahnungen in Liebesbekenntnisse übersetzen.

Predigtthema

Christliches Leben muss gestaltet werden.

Vorschläge zur Liturgie

Psalm: Ps 146
Hallelujah.
Meine Lebenskraft lobe den Heiligen,
ich will den Heiligen loben, solange ich lebe,
ich will für meinen Gott musizieren, solange ich bin.
Vertraut nicht auf Vornehme,
auf Menschen, bei denen keine Hilfe ist.
Verlässt sie ihr Geist, werden sie wieder zur Erde,

das ist der Tag, an dem ihre Pläne scheitern.
Glücklich die Menschen, deren Hilfe der Gott Jakobs ist,
deren Hoffnung sich auf den Heiligen, ihren Gott, richtet,
der Himmel und Erde gemacht hat,
das Meer und alles, was in ihm ist,
der seine Zuverlässigkeit ewig bewahrt.
Er schafft den Unterdrückten Recht,
gibt den Hungrigen Brot,
der Heilige lässt die Gefangenen frei.
Der Heilige öffnet die Augen der Blinden,
der Heilige richtet die Gebeugten auf,
der Heilige liebt die, die recht handeln.
Der Heilige bewahrt die Fremden,
Waisen und Witwen richtet er wieder auf,
aber den Weg der Gewalttätigen macht er krumm.
Der Heilige herrscht ewig,
dein Gott, Zion, von Generation zu Generation.
Hallelujah!

Kyrie

Lasst uns Gott um sein Erbarmen bitten.
Gott der Liebe und der Stärke: Du trägst uns, in der Schwäche richtest du auf, im Verzagen gibst du Kraft. Wir rufen zu dir: Kyrie eleison (EG 178.9)
Jesus Christus, gekreuzigt und auferstanden: Du heilst, was zerrissen ist, du vergibst Schuld, die wir bekennen, du schenkst einen neuen Anfang. Wir rufen zu dir: Kyrie eleison (EG 178.9)
Geist Gottes, Atem des Lebens: Du belebst die Müden, in der Trauer bist du Trost, in der Unklarheit bist du Wahrheit. Wir rufen zu dir: Kyrie eleison (EG 178.9)

Tagesgebet

Unser Gott, wir heißen deine Kinder. Wie ein Vater bist du, der uns Verantwortung geben will. Wie eine Mutter bist du, die uns Vertrauen lehren will. Wir bitten dich: Hilf uns, beides dankbar aus deinen Händen anzunehmen. Öffne unsere Herzen, dass wir gern hören und tun, was du von uns erwartest. Dir sei Ehre in Ewigkeit. Amen.

Lesungen

Epistel: Röm 8,14–17 (Kinder Gottes) oder 1 Thess 5,14–24 (Predigttext)
Evangelium: Lk 17, 11–19 (Zehn Aussätzige) oder Lk 5,43–48 (Von der Feindesliebe)

Fürbittengebet

Unser Gott des Friedens, du bist treu und rufst uns, damit wir unversehrt und untadelig durch die Zeit auf dich zugehen können. Wir bitten dich: Guter Gott, erbarme dich.
Hilf uns, wenn wir unsere Schwestern und Brüder zurechtweisen müssen, weil sie sich und anderen mit ihrem Lebenswandel schaden. Hilf uns auch, wenn wir den Ängstlichen Mut machen müssen. Gib uns Kraft, um den Schwachen zu helfen. und gib uns Geduld mit unseren Mitmenschen. Wir bitten dich: Guter Gott, erbarme dich.
Bewahre uns davor zu glauben, dass wir uns an Anderen rächen müssen. Stärke unsere Bemühungen, das Gute zu tun, auch wenn uns niemand dafür dankt. Wir bitten dich: Guter Gott, erbarme dich.
Lass uns als deine Kinder fröhlich werden und bleiben. Gib uns einen Sinn dafür, dass wir dir nicht nur unsere Sorgen und Bitten sagen, sondern auch Dank für alles – vor allem für deine Nähe zu jeder Zeit. Wir bitten dich: Guter Gott, erbarme dich.
Nimm dich unserer Verstorbenen an. Tröste die, die trauern, durch dein Wort von der Auferstehung und durch deine Gemeinde. Und auch uns tröste, wenn wir den Tod fürchten.
Wir bitten dich: Guter Gott, erbarme dich.
Unser Gott des Friedens, vollende uns als dein heiliges Volk und bewahre uns völlig unversehrt an Geist, Seele und Leib, für den Tag, an dem Jesus Christus, unser Herr, kommt. Dir sei Ehre in Ewigkeit. Amen.

Lieder: EG 419 Hilf, Herr meines Lebens; EG 414 Lass mich, o Herr, in allen Dingen; EG 333 Danket dem Herrn; EG 666 (Rheinland, Westfalen, Lippe) Selig seid ihr, wenn ihr einfach lebt

Vorschlag zur Predigt

Möglicher Anfang

Ein bisschen klingen diese Sätze wie die Ermahnungen einer Mutter: Zieh dich schön warm an! Geh nicht bei Rot über die Straße! Geh nicht mit Fremden mit! Fahr vorsichtig! Lass das Auto stehen, wenn du was getrunken hast! Jede kennt diese Ermahnungen. Manchmal können sie einem ganz schön auf die Nerven gehen. Wir kennen sie alle, haben sie immer wieder gehört. Am besten, man klappt die Ohren zu und geht.
Die Ermahnungen des Paulus kennen wir scheinbar auch alle. In Variationen kommen sie immer wieder vor in den Predigten, die man so im Laufe seines Lebens hört. Die Ermahnungen lauten zusammengenommen: Benehmt euch christlich und seid nett zueinander! – Was man zu oft hört, kann man einfach nicht mehr hören.

Dabei ist auch bei den Müttern klar: Sie sagen das alles aus Liebe. Sie wollen den Nachwuchs vor Krankheit oder anderen Gefahren bewahren. Alles nur aus Liebe und Sorge. Aber manchmal kommt da eben nur die ärgerliche Botschaft an: »Jetzt kommt wieder eine Moralpredigt.« Das eigentlich Ärgerliche daran ist ja vor allem: Es wird einem unterstellt, dass man das alles selbst nicht wüsste. Man wird für dumm gehalten. Oder gar für verantwortungslos. Leichter wäre es, wenn als Botschaft ankommt: Ich habe dich lieb.

Darum geht es in dem Brief nämlich auch Paulus – und darum geht es auch Gott mit den Menschen. Paulus schreibt Ermahnungen an die Gemeinden. Er will, dass das Leben gelingt, dass es begehrenswert wird. Er will, dass die Menschen in Frieden und in einem guten Miteinander leben und glücklich werden. Die Ermahnungen sind ein Ausdruck der Liebe, nicht die Anordnungen eines Moralpredigers, der seine Schäfchen in den Griff bekommen will.
Manche Ermahnungen geraten ihm doch etwas banal. »Meidet das Böse.« Da wären wir ohne Paulus nicht drauf gekommen, was? Wer würde schon das Gegenteil als Regel verkünden? Sogar von einem Krieg wird behauptet, dass er Gutes bringen soll. Freiheit und Demokratie. Oder es soll Schlimmeres verhindert werden. Nein, solche allgemeinen Sätze bringen

es nicht. Da müsste man sich schon darüber klar werden, *was* gut ist und *was* nicht.

Doch versuchen wir hinter den Ermahnungen des Paulus einmal genauer das »Ich hab euch lieb!« zu hören.

Zum weiteren Verlauf

Hier können jetzt eine Auswahl der paulinischen Ermahnungen »übersetzt« werden.

»Weist die zurecht, die ein ungeregeltes Leben führen.«

Paulus fürchtet die Unordnung, denn die Liebe braucht neben der Begeisterung und der Ekstase einen beschützenden, verlässlichen Rahmen. Paulus legt den Christen nah, sich dafür zu interessieren, ob jemand so einen geregelten Rahmen für sein Leben hat. Hier scheinen die moralischen Regelverstöße vergangener Tage aufzuleuchten: die »wilde Ehe«, die außerehelichen Beziehungen und Kinder, gleichgeschlechtliche Partnerschaften. Doch ungeregelt ist für Paulus ein Leben ohne Arbeit, ohne Gemeinsinn oder ohne Vertrauen. Er sagt: Schäm dich nicht, anderen Menschen etwas zu sagen, wenn sie sich vernachlässigen. Vielleicht sind sie darauf angewiesen, genau das zu spüren: Ich bin den anderen nicht egal.

»Ermutigt die Ängstlichen.«

Paulus sagt nicht: Habt keine Angst. Er ist schon einen Schritt weiter. Seid mutig und macht den anderen Mut! Ihr seid mutmachende Menschen.

»Freut euch immerzu! Betet unablässig! Dankt Gott in jeder Lebenslage!«

Klingt auch wie direkt von unseren Eltern: »Nun guck doch nicht so mürrisch. Sag schön Danke und Bitte.« Dahinter steckt die Sorge, dass uns die Lebensnöte und -sorgen so beschäftigen, dass uns unser Dasein als Christ gar nicht mehr anzumerken ist. Das wäre doch schade. Nicht nur, weil wir damit einen schlechten Eindruck in dieser Welt hinterlassen. Wir Christen wirken nicht freundlich genug. Und außerdem lassen wir uns die schönsten Komplimente entgehen, wie zum Beispiel: »Du strahlst immer so eine große Zufriedenheit aus!« Hinter dieser paulinischen Ermahnung steckt: Gott strahlt in dir und aus dir heraus!

»Unterdrückt nicht das Wirken des Heiligen Geistes. Verachtet nicht die Weisungen, die er euch gibt. Prüft aber alles, und nehmt nur an, was gut ist.«

»Lauf nicht jedem Hansel hinterher.« haben mich schon meine Eltern gewarnt und damit gemeint, dass ich mich nicht beeindrucken lassen soll von Leuten, die am lautesten oder originellsten auftreten. »Prüfe, was dich trägt im Leben« ist nicht nur ein wohlgemeinter Rat, es ist eine Auszeichnung, denn es sagt: Du kannst es. Du kannst die Geister unterscheiden, weil du ein Kind Gottes bist, die vom Geist Gottes berührt werden. (Röm 8,14)

Möglicher Schluss

So weit zu den Ermahnungen des Paulus, von denen wir alle sagen können: sie sind gut und richtig. Genau wie die elterlichen Ermahnungen. Doch man kann sicher sein, dass der Nachwuchs sie auch kennt und sie zu gegebener Zeit auch an die nächste Generation weitergibt. Wahrscheinlich ist es seit Menschengedenken so, dass Sätze wie »Zieh dich warm an!« oder »Fahr vorsichtig!« bedeuten: »Ich hab dich lieb!«
Manchmal verpassen Eltern den Moment, an dem der Nachwuchs erwachsen wird, denn auch 30-, 40- oder gar 50-Jährige sind vor Ermahnungen durch ihre Eltern nicht sicher. Und wenn Paulus das der Gemeinde in Thessalonich schreibt, dann hatten die Ermahnungen ja vielleicht einmal ihren ganz konkreten Sinn, weil sie dort von Nächsten- und Gottesliebe eben noch nicht so viel gehört haben. Doch wenn wir diese Ermahnungen hören, dann ist das wie mit den Erwachsenen, die von ihren Eltern immer noch ermahnt werden. Wir sind gewachsen im Glauben. Die Kirche ist gewachsen. Sie kennt die Ermahnungen und versucht seit 2000 Jahren sie konkret werden zu lassen. Doch Paulus' Ermahnungen sagen auch jetzt: Ich hab euch lieb. Und: Gott hat euch lieb. Das hören wir als Kinder Gottes gar nicht oft genug. Wir können dem mütterlichen Paulus dafür danken, dass ihm unser gutes, gottvolles Leben so am Herzen liegt. Wir können danke sagen, dass er dazu beigetragen hat, dass wir auf dem Weg sind, nach dem Guten zu suchen und das Böse zu lassen. Dazu helfe Gott uns allen. Amen.

Gestaltungsidee

»Kind, hast du auch ein Taschentuch?« Diese mütterliche Sorge kann ein (ironisches) Motto für einen (Familien- oder Jugend-)Gottesdienst sein. Es können Taschentücher an die Gemeinde verteilt werden als Symbol und Erinnerung an die mahnende und liebende Gegenwart Gottes.

Im Gottesdienst darf überhaupt ermahnt werden: Jugendliche ermahnen die Erwachsenen, Kinder die Jugendlichen, die Erwachsenen die Kinder. Das kann als Teil der Verkündigung vorbereitet werden. Die einzelnen Ermahnungen können enden mit dem Schlusssatz »(Ich ermahne euch, weil ...). Ich will, dass wir alle Gottes Liebe spüren.«

Kontext

Ich kann Bert so gut verstehen

1977. The Pausenbrot-Year. Vierte Klasse. Ganz klar, Bert sieht aus wie mein Mathelehrer: Das Haarbüschel, die durchgezogenen Augenbrauen und dann dieser Rolli! So einen musste ich sonntags immer tragen. Grauenhaft. Bert ist der absolute Antihedonist. Jedesmal will er Ernie den Spaß verderben, ihn mit seiner knarzigen Stimme maßregeln. Blöder Sack. Ernie dagegen hat die Ente, das Grinsen und dann dieses genial-debile Lachen. Auf dem Schulhof haben wir Wer-kann-genauso-lachen-wie-Ernie-Wettbewerbe veranstaltet. An Bert dachte keiner. Der langhaarige Freund meiner großen Schwester brachte es auf den Punkt: »Bert ist ein Spießer.« (...) 1997. Dreißig, Steuern, erste Rückenbeschwerden und die finale Erkenntnis: Ich bin wie Bert. Die Identifikation hat stattgefunden. Bert hat recht, sein stabiler Wertekosmos ist der völlig ernstzunehmende Versuch, ein Ordnungsprinzip im Chaos zu installieren. Bert fungierte von Anfang an als Gegenmodell zu Summerhill und hessischen Gesamtschullehrern. Seine Haltung: zeitlos, integer und wirklichkeitsimmanent. Ernie dagegen ist ein behumpstes Riesenbaby. Meine historische These lautet: Der Augenblick der Erwachsenwerdung geht einher mit einer hundertprozentigen Konvertierung. Kurz gesagt: Kinder lieben Ernie, Erwachsene Bert. So einfach ist das.

(Lars Albaum, ZEITmagazin vom 2. Januar 1997, S. 8. © beim Autor)

Tipp zum Text:

Marc Gellman, Trag immer 'ne saubere Unterhose! ... und 31 weitere Möglichkeiten, wie deine Eltern dir sagen: »Ich hab dich lieb!«, Fischer Taschenbuch Verlag, Frankfurt/M. 2003

15. Sonntag nach Trinitatis
Das 1. Buch Mose 2,4b–15(10–14)

Hans-Jürgen Kant

Exegetisch-homiletische Skizze

Der Predigttext am 15. Sonntag nach Trinitatis ist Teil einer längeren Geschichte. Sie erstreckt sich von Gen 2,4b – 3, 24. Trotz retardierender Momente gibt es einen Geschehensbogen, der sich konsequent durchzieht. Dennoch besteht dieser Abschnitt möglicherweise aus zwei Erzählungen sowie aus einer Fülle von Traditionsstücken. Das Material wurde in der jetzt vorliegenden Geschichte zusammengebunden. Es geht um die Erschaffung und Verfehlung des Menschen und um die Entstehung von Mühsal, Schmerz und Tod. Damit gehört sie in den Zusammenhang des Urgeschehens, von dem einmal auf der ganzen Welt erzählt wurde.

Unser Predigttext selbst enthält nur die Einleitung dieser Geschichte und das erste Handeln Gottes: Er formt den Menschen und haucht ihm Odem ein. Er pflanzt einen Garten zur Versorgung des Menschen und als Aufgabe, ihn zu bebauen und zu bewahren.
Noch ist der Mensch allein. Noch ist er ohne Gehilfin. Noch hat er kein Gebot im Blick auf den Baum der Erkenntnis. All das wird gleich den ersten Charme der Schöpfung stören und zu weiteren Entwicklungen führen müssen. Noch darf ich als Leser ein wenig verweilen bei der Lokalisierung dieses Gartens, wenn ich dem Paradiesstrom bis in seine vier Hauptarme und Verästelungen folge.
Was noch geschehen wird, lässt sich nicht vollständig ausblenden, aber für den 15. Sonntag nach Trinitatis reicht vielleicht der vorgegebene Text im Zusammenhang mit den vorgesehenen Perikopen. Die Welt ist gut geschaffen. Ich Mensch bin Gottes Geschöpf. Von Erde genommen und lebendig doch erst durch seinen Hauch. Er sorgt für mich, da kann ich das Sorgen loslassen und in seine Hände geben (vgl. Wochenspruch 1 Petr

5,7). Da muss ich nicht früh aufstehen und lange grübelnd wach bleiben, der Herr gibt's den Seinen ohnehin im Schlaf. An Gottes Segen ist das Gelingen des Hausbaus und die Bewahrung der Stadt gelegen (Wochenpsalm 127,1+2). Also sorgt nicht! Bleibt inmitten aller Gefährdungen nüchtern und wachsam. Auch wenn ihr jetzt leiden müsst, Gott wird euch aufrichten, stärken, kräftigen und auf einen festen Grund stellen. (Epistel 1 Petr 5,5c–11). Wenn wir uns auf das Reich Gottes und auf seine Gerechtigkeit hin ausrichten, kann alles kleinliche Sorgen entfallen, ermutigt Jesus die Zuhörer seiner Bergpredigt (Mt 6,25 –34 als Evangelienlesung).

Also bleiben wir beim vorgegebenen Text, der uns Menschen als von Gott gewollt, bei ihm geborgen und von ihm beauftragt zeigt. Steigen wir hinab in den Brunnen der Vergangenheit. Erinnern wir uns also an die sorglosen Ursprünge des eigenen Beginnens. Vielleicht stellt sich das Gefühl der frühen Geborgenheit noch einmal ein. Klarer wird unser Auftrag allemal. Der Mensch in der Schöpfungsgeschichte des Jahwisten ist nicht wie in babylonischen und ägyptischen Darstellungen zum Bedienen Gottes erschaffen worden, sondern um die Erde zu bebauen und zu bewahren. Dazu braucht er Gottes Segen und seinen ihm eigenen Erfindungsgeist. So wird er alle Kulturgüter schaffen, entdecken und erfinden, die zum Bebauen des Gartens nötig sind. Ganz anders als in den sumerischen Mythen und im außerisraelischen Traditionsgut, wo alle menschlichen Werke bis hin zur Spitzhacke göttliche Schöpfungen sind.
In unserem Predigttext in den Tiefen der Urgeschichte sind wir allerdings nicht bei der entscheidenden Kernerfahrung des jüdischen Volkes. Diese Erfahrung findet sich erst als Mitte des Pentateuchs in Ex Kap. 1 bis 18, in der die Volksgeschichte begründenden Errettung am Schilfmeer. Aber die Schöpfungsgeschichte verbindet uns mit grundlegenden Menschheitserfahrungen und -hoffnungen, sie erinnert uns an unser Woher und lässt uns hoffen für unser Wohin.

Predigtidee

Den eigenen Anfang in den Blick nehmen. Erfahrene Geborgenheit lässt mich mutig unterwegs sein. Sorgen und mögliche Irrwege müssen mich nicht lähmen, ich kann gelassen und verantwortungsbewusst ausschreiten.

Predigtthema

Gelassenheit und Verantwortung.

Vorschläge zur Liturgie

Votum

Wir feiern diesen Gottesdienst
im Namen Gottes, der uns Menschen seine Erde anvertraut hat.
Im Namen des Sohnes, der uns zu einem sorglosen Leben einlädt.
Im Namen des Heiligen Geistes, dessen Lebensatem uns erhält.

Unsere Hilfe steht im Namen des Herrn,
der Himmel und Erde gemacht hat.

Psalm

Vorgesehen ist Ps 127,1–2; es könnten auch Ps 8 im Blick auf die Menschenschöpfung oder Ps 33 oder 136 im Blick auf die umfassende Fülle des Gotteshandelns gewählt werden.

Zum Kyrie

Der Alltag mit seinen Sorgen hält mich gefangen.
So vieles scheint unabänderbar festgelegt.
Ich verlaufe mich im Gewirr möglicher Wege.
Kyrie eleison, Herr, erbarme dich (EG 178.12)

Zum Gloria

Du, Gott, lässt mich leben.
Du zeigst mir, wie groß deine Güte ist.
Ich kann loslassen, was mich bedrängt,
und endlich aufatmen.
Laudate omnes gentes, laudate Dominum.
Lobsingt, ihr Völker alle, lobsingt und preist den Herrn (EG 181,6)

Eingangsgebet

Gott, wir danken dir,
dass du uns das Leben geschenkt hast.
Wenn wir dich spüren,
können wir freudig und gelassen unsere Wege gehen.
Lass uns auch an dunklen Tagen erfahren,
dass du uns ganz nahe bist.
Hilf uns, verantwortlich zu leben,
indem wir uns an deinem Wort ausrichten.
Amen.

Fürbittengebet

Wir denken an die Menschen, die sich von morgens bis abends sorgen.
Schenke ihnen Geduld mit dir, mit anderen und mit sich selbst.
Hilf ihnen zu unterscheiden,
wo ihr Sorgen notwendig ist und wo sie es loslassen dürfen.
Gott der Freiheit, wir bitten dich:
Alle: Erbarme dich.

Immer stärker stürmen die globalen Probleme unserer Welt auf uns ein.
Klimakatastrophe, Rohstoffverknappung
und Krieg zwischen den Kulturen und Religionen halten uns in Atem.
Bewahre uns, Gott, vor überbordender Angst,
aber auch vor resignierender Weltflucht,
Gott der Verantwortung, wir bitten dich:
Alle: Erbarme dich.

Wir sehen die Kinder, die hungern
und die unter ärmlichen Bedingungen aufwachsen müssen.
Genauso sind uns Kinder vor Augen,
denen es vor allen Dingen an Liebe fehlt.
Oft wird ihnen der Freiraum vorenthalten,
ihre Begabungen zu entfalten und ihre Phantasie zu leben.
Gott der Liebe, wir bitten dich:
Alle: Erbarme dich.

Wir sind beunruhigt über die Menschen,
die scheinbar gleichgültig in den Tag hinein leben.
Denen alles egal ist, die keine Gefühle mehr spüren,
die sich für nichts mehr begeistern oder engagieren können.
Lass sie nicht länger starr sein, schenke ihnen ein mitfühlendes Herz.
Gott des Lebens, wir bitten dich:
Alle: Erbarme dich.

Lieder: EG 432 Gott gab uns Atem; EG 455 Morgenlicht leuchtet; EG 511 Weißt du, wie viel Sternlein stehen; EG 182 Suchet zuerst Gottes Reich in dieser Welt

Vorschlag zur Predigt

Möglicher Anfang

Die Geschichten und Bilder des Anfangs haben einen besonderen Reiz. Sie atmen Leichtigkeit. Doch schnell lässt sich auch die Herausforderung entdecken, die in jedem Beginnen steckt.
Ich erinnere mich an meinen Schulanfang. Mit einer großen Schultüte im Arm betrete ich voller Neugier meinen Klassenraum. Es riecht nach Papier und Farbe. Die frisch gestrichene Schultafel lockt zum Lernen. Hier werde ich nun also Tag für Tag Schreiben und Rechnen lernen.
Anfänge. Als ich zwölf Jahre alt bin, kommt für mich der erste Sommer ohne organisierte Ferienspiele. Fast selbstständig darf ich darüber entscheiden, wie die freien Tage aussehen sollen. Ich sehe mich durch den Wald zum Meer gehen. Möwen schreien am Strand. Wellengekräuselt liegt die Ostsee vor mir. Mit meinen Freunden baue ich Burgen im Sand. Wir kaufen uns Cola für 35 Pfennige und Bockwurst für 85. Später laufen wir über das Feld. Der selbstgebaute Drache hebt sich in die Lüfte. Wir schauen ihm hinterher und träumen uns fort bis zur Sonne. Dann liegen wir im Gras. Die Halme kitzeln im Nacken und wir erzählen uns Geschichten ohne Ende. Erst als der Tag sich neigt, geht es nach Hause. Wir fühlen uns frei und doch inmitten von Meer und Natur geborgen.

Immer wieder neue Anfänge. Zuerst die in der Erinnerung weitgehend unbeschwerte Zeit als Kind. Dann das Studium am fremden Ort, Vika-

riat und erste Pfarrstelle, der Beginn in Wernigerode. Gar nicht zu reden vom ersten Kuss, von jener Nacht auf dem Leipziger Scherbenberg, als wir auf den Sonnenaufgang warten. Dann die Kinder, jedes Mal ist alles ganz neu.
Bilder und Geschichten des Anfangs. Manche sind einfach nur schön, weil sie meine Seele streicheln. Andere sind aufregend, weil die Anfänge oft einhergehen mit neuen Aufgaben, die mich fordern. Doch Gott muss immer dabei gewesen sein, denke ich heute. Denn inmitten allen Wandels und in allen Anfängen habe ich mich zumeist geborgen gefühlt.

Bilder des Anfangs finden wir auch im heutigen Predigttext. Diese Bilder nehmen uns mit in vorgeschichtliche Urgründe und zugleich in die Tiefe unserer Seele.
Ich lese aus dem 1. Buch Mose im 2. Kapitel.
Textverlesung

Zum weiteren Verlauf

Bilder des Anfangs. Sie sind für das Volk Israel nicht die wichtigsten. Bedeutsamer ist den Israeliten die Geschichte von der Rettung des Volkes aus ägyptischer Sklaverei durch das Schilfmeer. Diese Geschichte bildet die Mitte des Pentateuchs, weil die Befreiungserfahrung das Volk Israel zusammengeschmiedet hat. Doch wie alle Völker und Kulturen sucht auch Israel Antwort auf die Frage nach dem Woher und Wohin. Auf die Frage, warum Menschen sterben und schuldig werden müssen und warum das Leben manchmal so mühselig ist. Die Paradiesgeschichte wird in ihrem Fortgang Antworten darauf geben. Mit dem Predigttext stehen wir jedoch noch ganz am Beginn.

Dieser Beginn ist schön und Mut machend. Gott formt und belebt den Menschen. Erst dann schafft er die anderen Dinge (anders als in Gen 1). Erde und Himmel werden auf den Menschen hin geordnet. Seine Welt ist ein Garten, in dem er leben kann und den er bebauen und bewahren soll. Gott sorgt für den Menschen und gibt ihm zugleich eine Aufgabe. Einen Platz, an dem er gebraucht wird. Und heute? Wohin hat Gott mich außerhalb des Gartens gestellt? Bin ich hier richtig? Wie soll ich den mir zugewiesenen Raum ausfüllen?

Leben braucht Wasser. Es quillt unaufhörlich in Eden. Von dort her ergießt sich ein Strom, der nicht nur den Garten bewässert. Er teilt sich auf und erreicht so die verschiedenen Orte auf Erden. Wir leben aus den Urgründen des Gartens Eden. Was wir lebensnotwendig brauchen, fließt uns zu. Nur solange es diesen überfließenden Ort des Heils gibt, bleibt das Leben bestehen auch jenseits von Eden.
Ich denke darüber nach: Was brauche ich zum Leben? Wo liegt der Sehnsuchtsort, aus dem heraus ich heute lebe und den ich einst finden werde?

In der Mitte des Gartens Eden steht der Baum des Lebens und der Baum der Erkenntnis des Guten und des Bösen. Ein vollkommener Ort. Aber die Welt wird nicht im Gleichgewicht bleiben. Der Mensch ist so, dass er das ihm gesetzte Maß überschreiten wird. Die dramatischen Dinge werden ihren Lauf nehmen. Mit Wehmut und Traurigkeit wird ihn Gott in die Welt schicken. So wird sie besiedelt und der Mensch wird erwachsen.

Möglicher Schluss

Ein traumhafter Anfang entrollt sich am Beginn der Paradiesgeschichte. So wünsche ich mir das Leben. Dass ich geborgen bleibe am vollkommenen Ort, eine sinnvolle, schöne Aufgabe habe und gelassen meinen Weg gehen kann. Wenn ich das in aller Leichtigkeit erlebe, leuchtet das verlorene Paradies auf.
Jenseits von Eden sieht das Leben oft ganz anders aus. Die hellen, lichten Momente werden überlagert durch Verstrickungen, Versagen und Verlust. Das lässt meine Sehnsucht wachsen und ich erinnere mich an die Anfänge. Dann weiß ich wieder, dass ich an jedem Ort vertrauen kann: ich bin von Gott gewollt und bleibe bei allem, was mir geschieht, in ihm geborgen.

Gestaltungsidee

Dialog zweier Engel im Himmel über das Treiben der Menschen auf Erden. Sie wissen schon von Anfang an, wohin das mit den Menschen führen wird. So staunen sie darüber, dass Gott den Menschen als Ebenbild und Gegenüber dennoch ins Leben ruft und ihn versorgt.

Symbole, Aktionen

Einen Baum mit Paradieserinnerungen für den Altarraum gestalten. Aus buntem Papier werden Früchte ausgeschnitten. Sie werden beschrieben oder bemalt mit Paradieserinnerungen: Orte und Erinnerungen, die paradiesisch schön waren im bisherigen Leben oder einfach nur im zurückliegenden Urlaub. Wenn die Gemeinde klein ist, kann man sich, während die Früchte an die Zweige in einer Vase im Altarraum gehängt werden, auch davon erzählen.

Kontexte

Wer zuerst das Reich Gottes und seine Gerechtigkeit sucht, dem wird alles andere hinzugefügt – auch der Lebensstil, auch die Art seiner Gebete, auch die Gesten der Zusammengehörigkeit, auch die Sprache für seine Wünsche.
(Fulbert Steffensky: Feier des Lebens, Stuttgart 1984)

Woher nimmt nun das Symbol die Kraft, Hoffnung vorwegzunehmen und Zukunft einzuüben? Diese Kraft schöpft es aus der Erinnerung an realisierte Hoffnung, aus der Erinnerung also an schon erfahrenes Heil.
(Ebenda)

Was hülfe es dem Menschen, wenn er alle Psalmen betete und alle Geborgenheit fände und änderte nichts an seiner Welt?
(Dorothee Sölle: Die Hinreise)

Die Welt hat genug für jedermanns Bedürfnisse, aber nicht für jedermanns Gier.
(Mahatma Gandhi)

Die Hybris, die uns versuchen lässt, das Himmelreich auf Erden zu verwirklichen, verführt uns dazu, unsere gute Erde in eine Hölle zu verwandeln.
(Karl Popper)

Und jedem Anfang wohnt ein Zauber inne,
Der uns beschützt und der uns hilft, zu leben.
(Hermann Hesse: Stufen)

Tipps zum Text

Es lohnt sich, den ausführlichen Kommentar von Claus Westermann zum Buch Genesis, Teil 1 zu den Kapiteln 1–11, einmal wieder zur Hand zu nehmen. Er enthält ausführliches exegetisches Material einschließlich aller vor- und nebengeschichtlichen Traditionen zur Urgeschichte, EVA Ost-Berlin 1985.

Einen ganz anderen Zugang bietet das Computerspiel »Die Sims«. Darin wird, wer spielt, zu Gott, schafft sich einen virtuellen Menschen nach eigenen Vorstellungen, setzt ihm Rahmenbedingungen und hilft ihm auf seinem Lebensweg. Dennoch gibt es immer wieder Entwicklungen und Ereignisse, die gesteuert durch die Spielentwickler den »Schöpfer« überraschen.

Mehr als ein Spiel ist die Schöpfung eines »Metaversums« im Internet namens »Second live«. Seit dem 24. Juni 2003 ist diese virtuelle Parallelwelt mit inzwischen neun Millionen Bewohnern (Stand: September 2007) online. Hier schaffen sich die Benutzer neu, indem sie sich eine neue Identität zulegen, interagieren, spielen, Handel treiben und anderweitig kommunizieren können. Die Sehnsucht nach positiven Anfängen und nach Glück kann jedoch am Ende dazu führen, sich in einer Scheinwelt jenseits aller Realität zu verlieren.

Themen und Motive

Die Autorinnen und Autoren

Pfarrer Oliver Böß, Mackenbach; Pfarrerin Birgit Brügge-Lauterjung, Duisburg; Pfarrer Dr. Ludwig Burgdörfer, Landau; Pfarrer Sebastian Feydt, Dresden; Pfarrer Anselm Friederich, Heidelberg; Pfarrer Hans-Jürgen Kant, Wernigerode; Pfarrer i. R. Hannes-Dietrich Kastner, Worms; Pfarrerin Monika Lehmann-Etzelmüller, Hemsbach; Pfarrerin Dr. Karin Lehmeier, Altenstadt; Pfarrer Wilfried Lenzen, Göttingen; Pfarrerin Ute Niethammer, Freiburg; Pfarrer Bernd Niss, Osnabrück; Dekan Martin Ost, Markt Einersheim; Diplomtheologin Esther Pofahl, Dresden; Pfarrerin Friederike Reif, Frankeneck; Pfarrer Dr. Uwe Rieske, Aachen; Pfarrer Traugott J. Simon, Marburg; Pfarrerin Christel Weber, Borchen; Pfarrerin Sylvia Winterberg, Partenheim